论我国的特别减轻处罚制度

程绍燕◎著

Lun Woguo De Tebie Jianqing

Chufa Zhidu

中国政法大学出版社

2022·北京

图书在版编目（ＣＩＰ）数据

论我国的特别减轻处罚制度/程绍燕著. —北京：中国政法大学出版社，
2022.6

ISBN 978-7-5764-0490-6

Ⅰ.①论… Ⅱ.①程… Ⅲ.①刑罚－司法制度－研究－中国
Ⅳ.①D924.134

中国版本图书馆 CIP 数据核字(2022)第 097355 号

出 版 者　　中国政法大学出版社
地　　　址　　北京市海淀区西土城路 25 号
邮寄地址　　北京 100088 信箱 8034 分箱　　邮编 100088
网　　　址　　http://www.cuplpress.com (网络实名：中国政法大学出版社)
电　　　话　　010-58908285(总编室) 58908433（编辑部）58908334(邮购部)
承　　　印　　固安华明印业有限公司
开　　　本　　880mm×1230mm　1/32
印　　　张　　6.25
字　　　数　　140 千字
版　　　次　　2022 年 6 月第 1 版
印　　　次　　2022 年 6 月第 1 次印刷
定　　　价　　39.00 元

摘要

ABSTRACT

《中华人民共和国刑法》第63条规定了特别减轻处罚制度，但是实践中特别减轻处罚的适用率非常低，相关的学术研究也很少。通过概念辨析、历史梳理、实证调研、价值分析、实体条件和程序问题理论分析，发现特别减轻处罚制度具有矫正罪刑法定原则的不足、实现个案正义、实现情理法融合的价值，但是目前的法律规定并不合理，导致了该制度的人为闲置，亟须改革完善。可将特别减轻处罚的启用条件相对细化为"犯罪分子虽然不具有刑法规定的减轻处罚情节，但是由于其主观恶性、人身危险性较小，判处法定刑的最低刑还是难以实现罪刑相适应原则要求的，可在法定刑以下判处刑罚"，并可列举一些常见的可特别减轻处罚的情形。在程序上，上一级人民法院复核是短期改革的最优路径，长远而言，听证也是可考虑的监督方式。同时，通过对特别减轻处罚这种例外制度的实践分析，也发现了我国刑法量刑规定模式、分则具体罪名的量刑标准等的不合理之处，应进行完善。

CONTENTS 目 录

引　言

一、选题的实践价值和理论价值及国内外研究情况综述

刑事司法中的特别减轻处罚制度是刑罚个别化、情理法结合的重要机制，然而，1997 年《中华人民共和国刑法》（以下简称 97《刑法》）出于防止滥用特别减轻处罚制度的考虑，严格规定了使用这项制度的适用程序，据此在没有法定减轻处罚情节时，需有特殊情况且经最高人民法院核准，才能适用。自此，我国刑事司法中的特别减轻处罚的适用量急剧下滑，在全国范围内由每年几千件下降到一二十件。[1]近 20 年来，该制度几乎处于休眠状态，未能发挥其应有的价值。该制度究竟有没有存在的价值，实践中具体的应用状况如何，如何使其发挥应有的价值，是否通过制度的完善就能激活该制度，这些问题都值得探究。

我国法学界对该制度的研究比较少也比较粗浅。通过搜集相关资料，笔者发现 1998 年至 2017 年的 20 年间，在我国报刊上发表的专门针对特别减轻处罚（或者标题为法定刑以下量刑、特别减轻处罚等）立论的期刊文章只有 15 篇，其中发表于报纸

---

〔1〕　参见张军等：《刑法纵横谈·总则部分》，北京大学出版社 2008 年版，第390 页。

等较短篇幅的文章有 6 篇，文章很短，分析论证较为简单；[1]其中篇幅较长、理论性较强的文章只有 1 篇，该文章针对特别减轻处罚制度中涉及的某些问题或者从某些角度进行了分析论证，具有很强的理论性；[2]其中篇幅长度中等的期刊论文有 7篇，或者涉及特别减轻处罚的某个方面，如单论特别减轻处罚的价值、单论特别减轻处罚的条件；或者涉及特别减轻处罚中核心的适用条件、核准程序问题，但是总体而言论证不太深入。

前些年我国发生的许霆案在当时引起了学界的关注，很多学者就许霆案撰文，其中有的文章涉及特别减轻处罚问题。[3]这一类文章重点在分析许霆案，对特别减轻的分析是附带的，并且作者观点也更加多元，有人支持二审法院的判决，认为特别减轻处罚实现了罪刑均衡，也有人旗帜鲜明地支持一审法院的判决，从根本上反对特别减轻处罚制度。但是这一类文章的重点还在许霆案，在特别减轻处罚制度本身的完善上涉猎不深。

也有一部分文章写减轻处罚制度或者其他问题，其中有一小部分涉及特别减轻处罚问题。由于该类文章的重点不是特别减轻处罚，因此对特别减轻处罚的论证深度有限。

---

[1] 其中较有代表性的如周斌峰："谨防酌定减轻处罚制度被人为闲置"，载《检察日报》2005 年 10 月 31 日，第 3 版；李玉萍："适用酌定减轻处罚的几个问题"，载《人民法院报》2009 年 6 月 10 日，第 006 版；李立众："修改酌定减轻处罚核准主体之建议"，载《人民检察》2011 年第 9 期；仇晓敏："法定刑以下判处刑罚的几个问题"，载《人民司法》2009 年第 21 期；公丕祥："完善法定刑下判处刑罚的核准制度"，载《中国审判》2011 年第 62 期。这些文章观点鲜明、中肯，不足之处是限于篇幅没有展开论证。

[2] 这篇文章具有很强的参考价值：时延安："酌定减轻处罚规范的法理基础及司法适用研究"，载《法商研究》2017 年第 1 期。

[3] 代表性文章如陈瑞华："脱缰的野马——从许霆案看法院的自由裁量权"，载《中外法学》2009 年第 1 期；张明楷："许霆案减轻处罚的思考"，载《法律适用》2008 年第 9 期。

另外，针对特别减轻处罚立论的硕士论文有 5 篇，博士论文未见，专著未见。硕士论文的特点是可能涉及特别减轻处罚制度的各个主要方面，但是总体论证欠深入。

通过梳理，笔者发现对特别减轻处罚研究的时间跨度很长。第一类专门针对特别减轻处罚立论的 15 篇文章中，发表数量基本平均分配在 1998 年至 2017 年，其中 2009 年可能因为许霆案，文章略多，有 3 篇。文章对特别减轻处罚制度中核心的"适用条件模糊、核准程序繁琐"基本形成共识，尽管存在不同观点，但是大多都支持修改适用条件模糊的状态，改革核准程序。

通过以上统计可以发现：

1. 国内对特别减轻处罚问题的研究总体较少。在如此活跃的学术研究时代，对某一问题没有专著仅有极少量的期刊论文发表是很少见的，况且时间跨度很长，平均 1 年可能还不到 1 篇文章发表，足见理论界对此问题的关注度不够高。

2. 已有的研究多从实体法角度入手，对程序问题关注得较少。97《刑法》规定的特别减轻处罚的最大特点就是增加了最高人民法院核准的程序要求，而这也是特别减轻处罚制度中的核心问题之一。但是，已有的研究中，探讨特别减轻处罚制度的价值、适用条件、减轻幅度等问题的文章较多，而对核准程序要么不涉及，要么仅是指出程序繁琐，应当简化程序，下放核准权，未进行深入的分析论证。

3. 已有的研究多是理论探讨，实证研究不多。可能由于特别减轻处罚实践中适用率低以及不受重视，已有研究中实证研究不多，笔者仅发现两篇最高人民法院法官写的文章中涉及最高人民法院核准案件的数据，另有一篇通过网络查找了几十件核准和未核准的案例，进行了分类分析。

4. 从作者身份上看，已有的研究者多是实体法学者，尽管有学者关注到了程序问题，然而因知识储备、思维方式、关注点及研究的局限，未在程序上过多展开。我国的法学学科划分很细，导致了学科壁垒，大家普遍认为特别减轻处罚是实体问题，仅有少数的实体法学者关注此问题，而程序法学者基本没有顾及，所以，特别减轻处罚的程序问题尚处于理论的半空白期，特别减轻处罚制度问题的核心之一——程序控制长期未被深入挖掘。

鉴于以上分析，我国对特别减轻处罚制度的研究还不够深入，如能进行深入挖掘，相信对唤起理论界和实务界对该制度的重视、激活特别减轻处罚制度能够起到抛砖引玉之效果。就目前的研究状况而言，笔者认为还可以在以下几个大的方面进行深入：

一是更加系统、全面地探讨特别减轻处罚制度。已有的研究成果多篇幅较短，要么仅针对特别减轻处罚的某个方面，要么提出观点后未进行深入的分析，笔者拟系统全面地研究特别减轻处罚制度，从特别减轻处罚的概念合理性、历史发展、实践状况、实体条件、核准问题等多个方面进行探讨，对每一个问题的探讨也将更加深入。比如发展脉络部分，现有成果中，限于篇幅，最多也就用了三四千字简要介绍特别减轻处罚制度的立法发展，而笔者单独设章梳理和探讨特别减轻处罚制度的历史发展，区分中华人民共和国成立前、中华人民共和国成立后两节，对于中华人民共和国成立后又细分为五个发展阶段，并进行了规律总结与评析。

二是进行实证调研。笔者不仅从相关数据库中查找特别减轻处罚的案例，进行分类统计，还对 H 省全省最近 5 年的特别减轻处罚案件进行了调研和统计分析。通过调研，一来对实践中特别减轻处罚的样态究竟如何有了大概的了解，也澄清了以前理论界的一些猜测；二来通过统计分析，发现了一些规律，并进而引发了对我国刑法规定以及刑法理论的一些完善思考，提出了一些有建设性的建议。

三是程序问题，现有研究成果中对程序探讨最为详尽的也仅是用了四五千字探讨程序条件过于复杂的问题，难以深入阐述。笔者设专章探讨该问题，除了对可能的各种改革思路进行分析比较外，还探讨了核准权的性质、其他可能的监督路径以及其他诸如期限等程序问题。

二、主要研究内容

总体而言，法学界对特别减轻处罚制度的研究并不多、不够全面。笔者拟对此制度从历史发展、实践情况、价值分析等各个角度进行全面的梳理。研究的内容主要有：

1. 特别减轻处罚的概念。对特别减轻处罚概念的合理性进行探讨，比较各种常见的名称的优劣，对与其相似的概念进行比较辨析。

2. 特别减轻处罚制度的立法变迁。梳理中华人民共和国成立之后特别减轻处罚的立法变化，尤其是 1979 年《中华人民共和国刑法》（以下简称 79《刑法》）和 97《刑法》的立法变化，分析这种变化的时代背景、原因、优劣及立法成效。

3. 特别减轻处罚的实践状况及问题分析。通过实证研究，分析我国近些年特别减轻处罚案件的罪名、轻罪或重罪、减轻的原因、减轻幅度、核准时间等问题，发现适用规律及存在的问题，进而对刑法规定的完善提出建议。

4. 特别减轻处罚制度的价值。探讨了特别减轻处罚制度的正价值和负价值；从价值体系的角度探讨了特别减轻处罚制度的基础价值和直接价值；从价值实现的角度探讨了在立法和司法中特别减轻处罚制度的价值实现。

5. 特别减轻处罚的条件问题。从例外论的角度论证了特别减轻处罚适用条件细化的正当性。探讨了特别减轻处罚启用条件的原则性规定和具体情形。

6. 减轻的幅度问题。探讨了法定刑、量刑幅度等概念的具体所指。探讨了刑格、跨刑种减刑问题。

7. 核准权的下放问题。这里需要解决几个理论问题，即最高法核准的目的是什么，如果为防止特别减轻处罚权的滥用，那么"核准"方式是否为最佳的监督方式，是否有必要由最高法核准，如果要下放核准权，下放到哪一级法院最合适。

8. 特别减轻处罚听证问题。具体包括：以听证方式代替"核准"方式的可能性分析；听证方式的优势和劣势；听证的概念及结构；听证的效力、期限、上诉等问题。

三、研究方法

本书采用了以下方法进行特别减轻处罚制度的研究：

1. 资料整理。主要包括我国已有研究成果的观点整理、我国特别减轻处罚制度的历史发展。

2. 实证调研和数据分析。选取我国 H 省的特别减轻处罚案件情况进行研究。同时，搜索数据库、裁判文书网等作为辅助。调研结束后，统计、分析相关数据，对案件数量、减轻理由、幅度等进行综合分析，并从中总结规律、发现问题、提出完善建议。

　　3. 理论分析。理论分析贯穿全文，其中最主要的是实体和程序两大部分，包括"实体条件模糊"和"核准程序过于严苛"问题的解决。

第一章
几则案例引起的思考

近年来发生的一些案件，引起了社会的广泛关注和法学界的思考。这些案例的出现凸显了许多问题，在社会大众角度主要是关于法律和情理的问题，在法学界主要是法律的合理性，特别是我国的特别减轻处罚制度的应用问题。适当处理这些案件，对于维护社会稳定、回应群众呼声、完善相关制度具有重要的启示。

案例一：赵春华非法持有枪支案

赵春华非法持有枪支案〔1〕在当时引起了广泛的社会关注，很多媒体报道，网友纷纷留言，很多学者也专门就此案进行分析评论甚至撰写学术论文。

一、案情经过

2016 年 8 月至 10 月，天津老年妇女赵春华在天津市河北区李公祠大街附近的海河亲水平台，摆设射击游艺摊位进行营利活动。2016 年 10 月 12 日 22 时许，天津市公安局河北分局民警

---

〔1〕 该案判决书来源于聚法网，载 https://www.jufaanli.com/，最后访问日期：2018 年 7 月 2 日。

在巡查过程中，当场在赵春华经营的摊位上查获枪形物 9 支及配件、塑料弹等物，并依法将赵春华传唤到公安机关。经天津市公安局物证鉴定中心鉴定，现场查获的 9 支枪形物中的 6 支为能正常发射、以压缩气体为动力的枪支。

天津市河北区人民法院审理天津市河北区人民检察院指控赵春华犯非法持有枪支罪一案，于 2016 年 12 月 27 日作出判决[1]。一审法院认定，赵春华违反国家枪支管理制度，非法持有枪支，情节严重，其行为已构成非法持有枪支罪，应依法予以处罚。赵春华自愿认罪，可酌情从轻处罚。被告人赵春华犯非法持有枪支罪，判处有期徒刑 3 年 6 个月。

宣判后，赵春华不服，以其不知道持有的是枪支，没有犯罪故意，行为不具有社会危害性且原判量刑过重为由提出上诉。天津市人民检察院第一分院认为，原审诉讼程序合法；原审判决认定上诉人赵春华非法持有枪支的事实清楚，证据确实、充分；赵春华的行为触犯了《中华人民共和国刑法》（以下简称《刑法》）第 128 条第 1 款的规定，构成了非法持有枪支罪，原审判决定罪准确；赵春华非法持有枪支 6 支，属情节严重，依法应处 3 年以上 7 年以下有期徒刑，原审判决量刑在法定幅度内，但鉴于赵春华非法持有枪支是为了经营游戏项目，主观恶性较小，其行为未造成实际危害结果，到案后能如实供述犯罪事实，认罪态度较好，且系初犯，建议二审法院对其从轻处罚，改判有期徒刑 3 年并适用缓刑。

2017 年 1 月 26 日，天津市第一中级人民法院对赵春华持枪案作出二审判决[2]。二审法院认为：赵春华违反国家枪支管理

---

[1]　(2016) 津 0105 刑初 442 号刑事判决书。
[2]　(2017) 津 01 刑终 41 号刑事判决书。

规定，非法持有枪支，其行为已构成非法持有枪支罪，且情节严重，应依法予以处罚。原审判决认定赵春华犯非法持有枪支罪的事实清楚，证据确实、充分，定罪准确，审判程序合法。关于上诉人赵春华所提量刑过重的上诉理由，该院认为，上诉人赵春华非法持有以压缩气体为动力的非军用枪支 6 支，依照法律规定已构成非法持有枪支罪且属情节严重，应判处 3 年以上 7 年以下有期徒刑。综合考虑赵春华非法持有的枪支均刚刚达到枪支认定标准，犯罪行为的社会危害相对较小，其非法持有枪支的目的是从事经营，主观恶性、人身危险性相对较低，二审期间能如实供述犯罪事实，认罪态度较好，有悔罪表现等情节，可酌情予以从宽处罚并适用缓刑。判决：上诉人赵春华犯非法持有枪支罪，判处有期徒刑 3 年，缓刑 3 年。在缓刑考验期限内，依法实行社区矫正。

二、焦点分析

该案的焦点之一是涉案"枪支"是否应当认定为"枪支"。对此，辩护人认为公安部制定的《枪支致伤力的法庭科学鉴定判据》所依据的试验及理由不科学、不合理，该"判据"确定的枪支认定标准不合法，且属内部文件，不能作为裁判的法律依据；目前没有法律、法规、规章对枪支做出定义或解释，只能根据《中华人民共和国枪支管理法》（以下简称《枪支管理法》）[1]的规定，以"足以致人伤亡或者丧失知觉"作为认定标准。

---

[1] 1996 年 7 月 5 日第八届全国人民代表大会常务委员会第二十次会议通过，自 1996 年 10 月 1 日起施行。2009 年 8 月 27 日第一次修正，2015 年 4 月 24 日第二次修正。

二审法院对此进行了有针对性的说明：我国《枪支管理法》第46条规定："本法所称枪支，是指以火药或者压缩气体等为动力，利用管状器具发射金属弹丸或者其他物质，足以致人伤亡或者丧失知觉的各种枪支。"此规定未包含可供执行的、具体的量化标准，需要由有权机关做出进一步规定。《枪支管理法》第4条明确规定"国务院公安部门主管全国的枪支管理工作"，据此，公安部作为枪支管理主管部门有权制定相关规定，本案鉴定所依据的《公安机关涉案枪支弹药性能鉴定工作规定》《枪支致伤力的法庭科学鉴定判据》均合法有效，应当适用。

笔者认为，实质上，关于枪支认定的争论只是手段，真正的焦点是人们普遍认为"大妈摆摊打气球"的行为危害性不大，判处 3 年以上刑罚太重了。于是许多人努力从罪名认定、是否够升档的标准等方面试图为赵春华寻找降低刑罚的可能。

三、案件处理分析

该案之所以引起了社会的广泛关注，就是因为根据刑法规定所得出的刑罚过高，与一般人的认识具有较大差别。公众普遍认为"大妈摆摊用气枪打气球"，只是小摊贩谋生手段而已，怎么就犯罪了呢？而且还是 3 年以上的罪行。但是按照现行法律的规定，认定赵春华非法持有枪支并且情节严重并没有问题。这一点在一审法院的判决和二审法院的判决中都有明确、具体的分析。有学者认为："赵春华案被判有罪，完全是符合我国当前司法逻辑的，但却明显违背常识，不为社会公众所接受。"[1]那么问题到底出在哪里？

---

[1] 陈兴良："赵春华非法持有枪支案的教义学分析"，载《华东政法大学学报》2017 年第 6 期。

　　成文法本身就是存在一些固有缺陷的：法律条文本身的简约与世事的繁杂形成反差，法律很难精准合理涵盖一切情况；法律规定具有滞后性，随着社会发展、科技进步等，一些情况发生了改变，但是法律不能马上做出回应，需要一定的修法时间；法律规定必须遵行，即使法律规定不是很合理，也应首先"依法处理"，司法者不能超越法律随意裁量，只能在法律规定范围内去解释法律。

　　该案审理过程中，大家对枪支的认定标准产生了争议，认为该标准太低，应当修改。该案的代理律师也多次发声，指责枪支认定标准不合理。暂不论该标准是否合理，只要其是有效的规范性文件，在其被修改之前，都应当遵照执行。律师对枪支认定标准进行质疑并不是明智的辩护路径。而事实上，该案发生之后，最高人民法院、最高人民检察院于2018年3月专门针对枪支认定出台了《关于涉以压缩气体为动力的枪支、气枪铅弹刑事案件定罪量刑问题的批复》（以下简称《批复》），其中强调"对于非法制造、买卖、运输、邮寄、储存、持有、私藏、走私以压缩气体为动力且枪口比动能较低的枪支的行为，在决定是否追究刑事责任以及如何裁量刑罚时，不仅应当考虑涉案枪支的数量，而且应当充分考虑涉案枪支的外观、材质、发射物、购买场所和渠道、价格、用途、致伤力大小、是否易于通过改制提升致伤力，以及行为人的主观认知、动机目的、一贯表现、违法所得、是否规避调查等情节，综合评估社会危害性，坚持主客观相统一，确保罪责刑相适应"。最高人民法院研究室刑事处针对该批复所做的《〈最高人民法院、最高人民检察院关于涉以在压缩气体为动力的枪支、气枪铅弹刑事案件定罪量刑问题的批复〉的理解与适用》中解释道："近年来，涉枪案件呈现出多样性、复杂性的特点。特别是，一些涉以压缩气体为动力且枪口比动能较低的枪支的案件，涉案枪支的致伤力较低，在决定是否追究刑事责任以及裁量刑罚时唯枪支数量论，恐会悖离一般公众的认知，也违背罪责刑相适应原则的要求。司法实践中，个别案件的处理引发社会各界广泛关注，法律效果和社会效果不佳。……以压缩气体为动力的枪支的枪口比动能范围很宽，高则能达上百焦耳/平方厘米，危害性不小于以火药为动力的枪支；低则可能刚刚达到枪支的认定标准，致伤力较低。对于涉此类枪支案件的刑事责任追究和刑罚裁量，如不作区别，明显不符合宽严相济刑事政策和罪责刑相适应原则的基本要求。……就涉以压缩气体为动力且枪口比动能较低的枪支、气枪铅弹案件而言，应当重点打击以牟利、实施其他犯罪为目的，或者涉案枪支易于通过改制提升致伤力，以及行为人具有前科情节等情形。对于以收藏、娱乐为目的，涉案枪支致伤力极低，主观上难以认识到系枪支，行为人系初犯、偶犯等情形的，应当体现从宽的精神。"[1]这不得不让人与"天津大妈案"联系在一起，赵春华的代理律师徐昕认为："这是一个进步，也是个案推动法治的范例。"[2]

实质上，最高人民法院、最高人民检察院在 2018 年的这个《批复》中肯定了"近年来涉枪案件呈现出多样性、复杂性的特点"，按照现有的法律及相关规范性文件认定枪支可能导致"悖

〔1〕 "《最高人民法院、最高人民检察院关于涉以压缩气体为动力的枪支、气枪铅弹刑事案件定罪量刑问题的批复》的理解与适用"，载 http://legal. people. com. cn/n1/2018/0328/c42510-29894348. html，最后访问日期：2018 年 6 月 20 日。
〔2〕 "天津大妈案律师：两高关于气枪量刑标准批复是进步"，载 http://news. sina. com. cn/s/pa/2018 - 03 - 28/doc - ifysspnz9100785. shtml，最后访问日期：2018 年 6 月 20 日。

离一般公众的认知，违背罪责刑相适应原则"。这也就是指出了现行法律及相关规范性文件对赵春华这类的案件适用并不合理。

相信这种想法并不是赵春华案之后才产生的，在赵春华案审理过程中，人们就普遍认识到了这个问题，只是，法律就是法律，在法律修改之前应当遵照执行。该案的二审法院就采用了一种迂回的方式来实现量刑的轻缓化，从而在法律规定和公众认知之间寻求平衡。我国《刑法》规定3年以下有期徒刑、拘役可以判缓刑，缓刑即可回归社会，在社会上服刑，普遍被认为是一种非常轻缓的刑罚。从立法目的上看，缓刑适用于"轻罪"。而赵春华案的法定刑是3年至7年，应当不属于轻罪的范畴，但是其与缓刑的适用范围之间存在着"3年"这个交叉点。二审法院很巧妙地利用了这一点，仍然在法定刑范围内判处刑罚，但是选择了可以适用缓刑的这个"3年"的点，而缓刑比较轻缓，可以为被告人及社会大众所接受，取得了很好的社会效果。

然而，从法律逻辑上分析，这并不是最完美的方式。这个案件中，碰巧有"3年"这个交叉点，如果没有这种运气，如何实现法律效果与社会效果的统一？实质上并不是我们的法律太僵硬不够人情化，我们的法律提供了这种情况下的解决路径，即"特别减轻处罚"。正是由于成文法的这些缺陷，才有了特别减轻处罚这种例外制度以作补充。当出现了某些特殊情况，导致成文法的缺陷显现，机械适用法律将导致明显的不合理时，就可启用例外制度。应当说例外的存在使整个制度体系更加完善。对于"天津大妈案"这样的案件，当社会事实与法律初衷存在出入时，即应启用例外制度，即特别减轻处罚制度，合法地将其刑罚降到合理的范围内。事实上，该案并没有什么出奇的地方，法律早就预设了这种情况的处理方法，按照法律预设的方法就可以顺理成章地解决这一问题。之所以该案引起了社会关注，是因为无论是司法者还是社会公众都规避、遗忘或者不知特别减轻处罚的存在，一审法院即在法定刑范围内量定刑罚，尽管量了一个法定刑范围内比较低的刑罚，还是引起了社会的热议。

特别减轻处罚制度可以弱化成文法的统一化与社会事实多样化的矛盾。对于该案中的枪支认定标准问题，在《批复》的制定过程中，对于是否应当明确"枪口比动能较低"的具体数值，存在不同认识。"经慎重研究认为，涉以压缩气体为动力的枪支的案件情况非常复杂，在决定是否追究刑事责任以及如何裁量刑罚时，需要考虑枪口比动能这一重要因素，但更须根据案件情况综合考量。在此背景下，如对'枪口比动能较低'的具体数值作出规定，恐会导致对具体案件的处理陷入'一刀切'的困境，不符合《批复》所确立的综合考量精神。"[1]基于上述考虑，《批复》最终未对"枪口比动能较低"的具体数值作出明确。尽管《批复》针对的只是以压缩气体为动力的枪支、气枪铅弹问题，但是却反映了我国刑法中普遍存在的问题。对于很多问题的认定，都存在具体数字会带来"一刀切"困境的问题，但是定罪时又需要一个有力的标准。这就需要稳定性的立法与具有酌定功能的司法相结合。

既然特别减轻处罚制度具有如此大的价值，那么后续的问题来了，既然法律预设了这种情况的处理路径，为何法院没有

---

[1] "《最高人民法院、最高人民检察院关于涉以压缩气体为动力的枪支、气枪铅弹刑事案件定罪量刑问题的批复》的理解与适用"，载 http://legal.people.com.cn/n1/2018/0328/c42510-29894348.html，最后访问日期：2018 年 6 月 20 日。

遵照法律预设进行特别减轻处罚，而采用了迂回的方式？在笔者参加的一场名为"刑事法的私塾与厨房"〔1〕的讲座中，主讲人是一名有多年司法经验的检察官，他详细讲述了他经办的某个刑事案件，如果按照一般的理解定罪量刑，最终量刑结果很重，与检察官和一般公众对案件危害性程度的认识不一致，检察官采用了"解释法律"的方法，以一个相对较轻的罪名起诉和提出量刑建议，并得到了法院的支持，从而实现了刑罚的轻缓。在讨论环节就有学校老师提出该案可以通过特别减轻处罚的方式实现量刑合理化，实现罪责刑相适应。检察官的回答是："我知道刑法中有特别减轻处罚的规定，就我个人而言，我不会选择特别减轻处罚的方式。我工作 10 年了，也从没听说我的同事使用过一次特别减轻处罚。"这也恰恰回应了讲座的题目"私塾"与"厨房"，也就是法学理论研究人员的思维方式与亲自处理案件的实务人员的区别。高校研究者认为《刑法》完美地规定了"特别减轻处罚"这一补充制度，可以很好地解决成文法的一些固有缺陷。而司法实务工作者却宁愿采用迂回的方式，通过一些看似不太合法律逻辑的方式来达到降低刑罚的目的。由此可见，特别减轻处罚制度的设立具有重要价值，然而，该制度存在某些不合理之处，致使实务部门宁可绞尽脑汁寻求各种办法来降低刑罚也不愿意适用特别减轻处罚，因此特别减轻处罚制度的进一步完善势在必行。

---

〔1〕 该讲座为 2017 年海淀区人民检察院李刚在中国政法大学主讲，主讲人是一名有多年公诉经验的检察官。

案例二：孙某寻衅滋事案〔1〕

上文提及的"刑事法的私塾与厨房"的讲座中，主讲人讲述的案例重点即在于定抢劫罪还是寻衅滋事罪，不同的人群给出了不同的解决思路。笔者循此进行资料搜集，发现有刑法学者写过相似的案例。

一、案情简介

2013 年 12 月 26 日 22 时 30 分许，被告人孙某驾车行驶至北京市通州区梨园镇海棠湾小区西口掉头时，与被害人刘某某驾驶的三轮车发生剐蹭，双方因修车问题发生口角。孙某随即从车内拿出自制尖刀捅向刘某某的腹部，用拳头捶打对方胸部，并用刀架在对方脖子上要求给其修车，后又从刘驾驶的三轮车内强行拿走现金人民币 110 元。据被害人刘某某陈述称，案发当晚，其开着黑摩的走到海棠湾西口时，从西口出来向右（北侧）转弯，往前行驶了十几米，然后有一辆黑色汽车从北行驶过来在该路口掉头继续向北走，之后就把自己的摩的撞了。刘某某将车刹住并下车之后，看见汽车前保险杠中间的位置撞在了自己的摩的左后侧尾灯部位。此后下来一名男子，右手拿着一把刀，对自己说："你赔我钱。"刘某某没说话，对方就拿着刀比划，要往自己肚子上捅，左手还打人，自己就躲，对方把刀架在自己脖子上说："你看看我车牌子，你知道我是干什么的吗?"随后，对方就跑到刘某某的摩的上，从中间盒子里抓了一

---

〔1〕 案例引自付立庆："论抢劫罪与强拿硬要型寻衅滋事罪之间的关系——以孙某寻衅滋事案为切入点"，载《法学》2015 年第 4 期。

把钱拿走了。

该案中检察机关以寻衅滋事罪起诉，法院最后判决也认定了寻衅滋事罪的罪名。

二、案件评析

有学者对此案例进行了犯罪构成的详细分析，最后指出抢劫罪与强拿硬要型寻衅滋事罪存在法条竞合。本案中，孙某的行为符合抢劫罪的犯罪构成，同时也符合强拿硬要型寻衅滋事罪的特点，只是犯罪数额上，司法解释要求达到 1000 元的标准，而本案只有 110 元。[1]并认为："只要是肯定了强拿硬要型的寻衅滋事罪与抢劫罪之间存在竞合而孙某案又满足了这种竞合关系，则无论是将其理解为法条竞合还是想象竞合，最终都应该按照抢劫罪处理。由此来看，本案中检察机关寻衅滋事罪的指控以及人民法院的同罪判决，是值得商榷的。至于具体的刑罚裁量，完全可以根据行为具体的暴力或胁迫程度、实际抢劫财物的数额以及孙某具有坦白情节等具体情况，在判处 3 年以上有期徒刑的同时宣告缓刑，以做到罪责刑相适应，符合'严而不厉'的要求。"[2]

---

〔1〕 "行为人孙某的行为，在确实可能破坏了社会秩序、并且具有逞强要横动机的同时，也就具有了刑法所规定的寻衅滋事罪的基本特征。不过，就《刑法》第293 条具体规定的该罪的几种类型而言，孙某的行为应该是更符合其中的'强拿硬要公私财物'的类型。只是由于无法满足立法上'情节严重'的要求以及由此所派生的司法解释的具体标准，司法者只能'退而求其次'，将目光转向了《刑法》第293 条的其他项内容。最终，通过努力，司法者不仅为孙某的行为定性为寻衅滋事罪找到了（所谓的）理论根据，还巧妙地为这一定性找到了司法解释上的根据，似乎大功告成。"付立庆："论抢劫罪与强拿硬要型寻衅滋事罪之间的关系——以孙某寻衅滋事案为切入点"，载《法学》2015 年第 4 期。

〔2〕 付立庆："论抢劫罪与强拿硬要型寻衅滋事罪之间的关系——以孙某寻衅滋事案为切入点"，载《法学》2015 年第 4 期。

实质上，本案的定性并不难，困难的是如果定抢劫罪，就要在 3 年以上量刑，无论是检察官、法官还是学者，都觉得这种行为判 3 年以上太重了。于是，在"厨房"的检察官、法官选择了"以刑制罪"的办法，采用迂回的方式，通过扩大或限缩司法解释的方式，改变罪名以达到量刑的减轻；在"私塾"的学者，则更倾向于按照法律逻辑来定罪，定罪之后再采用缓刑的方式把刑罚降下来。无论是实务部门的检察官、法官，还是理论研究的学者，都没有选择特别减轻处罚的方式，这不得不令人深思。

对于"以刑制罪"的方式，正如这位学者分析的，"在其他类型的寻衅滋事（强拿硬要型之外的寻衅滋事）与抢劫之间产生关联时，无论如何理解，最终都应该按照抢劫罪处理（重罪，或者是目的行为），而对强拿硬要型的寻衅滋事罪与抢劫罪而言，在产生交叉竞合关系时，抢劫罪是特别法，如按照特别法优于普通法的规则，应该优先适用抢劫罪。不过，本书进一步认为，同样是法条竞合关系，也存在着包容竞合与交叉竞合等不同类型：包容竞合是立法者有意为之，比如诈骗罪与合同诈骗罪，由于是立法者在普通犯罪构成之外又通过行为主体、行为对象等的变化而有意创设了新的犯罪，则应该尊重立法本意，优先适用特别法；而交叉竞合则是由于立法用语本身的复杂、变动以及涵义辐射范围等原因，被动产生的法条之间的竞合而非立法者有意为之，因此就不应适用'特别法优于普通法'的规则，而应该按照重法优于轻法的原则处理，如此方能实现罪责刑相适应。对于本书所切入的孙某案来说，比较抢劫罪与寻衅滋事罪的法定刑容易发现，抢劫罪的处罚会更重，因此，也应该按照抢劫罪处理。"[1] 因此，单纯从定罪而言，无论是从构成要件还是法条竞合的角度分析，都应当定抢劫罪，实务部门的这种做法值得商榷。

缓刑方式同样存在问题。在定罪上，严格遵循了法律的规定，但是，在量刑上，抢劫罪的最低刑是 3 年有期徒刑，而该学者也认为 3 年有期徒刑太重。好在我国刑法规定了缓刑制度，而能适用缓刑的最高刑就是 3 年有期徒刑，如此，则为法定最低刑为 3 年有期徒刑的案件提供了降低宣告刑的方式。实践中，很多案件就是这样处理的，如案例一中赵春华也被判处 3 年有期徒刑并且缓刑。然而，缓刑不需要实际到监狱或者看守所服刑，被认为是一种非常轻缓的处罚。对于法定最低刑为 3 年有期徒刑的案件，采用缓刑方式就会带来要么 3 年以上要么缓刑的局面，无法存在中间状态。本案中，虽然大家都觉得判处 3 年有期徒刑太重了，但是判缓刑是不是太轻了呢？是否 1 年有期徒刑更加合适呢？即使在本案中不存在这一问题，在其他类似案件中也不能排除这种可能。故此，缓刑方式只是权宜之计，并不是最理想的方式。

同样的问题再次出现，特别减轻处罚是《刑法》预先为此类情况提供的解决路径，然而，无论是实务工作者还是学者，都更愿意"绞尽脑汁"去想其他能够降低量刑的方式，而不采用特别减轻处罚。再一次证明，特别减轻处罚制度本身存在不合理之处，亟须完善。

---

[1] 付立庆："论抢劫罪与强拿硬要型寻衅滋事罪之间的关系——以孙某寻衅滋事案为切入点"，载《法学》2015 年第 4 期。

案例三：许霆案[1]

一、案情简介

2006 年 4 月 21 日晚 21 时 56 分，许霆持自己不具备透支功能、余额为 176.97 元的银行卡到广州市天河区黄埔大道西平云路 163 号的广州市商业银行自动柜员机（ATM）准备取款 100 元，许霆在自动柜员机上无意中输入取款 1000 元的指令，柜员机随即出钞 1000 元。许霆经查询，发现其银行卡中仍有 170 余元，意识到银行自动柜员机出现异常，能够超出账户余额取款且不能如实扣账，于是在当晚 21 时 57 分至 22 时 19 分、23 时 13 分至 19 分、次日 0 时 26 分至 1 时 06 分三个时间段内，在该自动柜员机持上述银行卡指令取款 170 次，共计取款 174 000 元。许霆还将柜员机出现异常的情况告知同事郭安山，郭安山亦采取同样的手段共计取款 19 000 元。同月 24 日下午，许霆携款逃匿。

广东省广州市中级人民法院审理广州市人民检察院指控许霆犯盗窃罪一案，于 2007 年 11 月 20 日作出（2007）穗中法刑二初字第 196 号刑事判决，认定被告人许霆犯盗窃罪，判处无期徒刑，剥夺政治权利终身，并处没收个人全部财产；追缴被告人许霆的违法所得 175 000 元发还广州市商业银行。宣判后，被告人许霆不服，提出上诉。广东省高级人民法院于 2008 年 1 月 9 日作出（2008）粤高法刑一终字第 5 号刑事裁定，撤销广

---

[1] 该案判决书来源于聚法网，载 https://www.jufaanli.com/，最后访问日期：2018 年 7 月 2 日。

州市中级人民法院（2007）穗中法刑二初字第 196 号刑事判决，发回广州市中级人民法院重新审判。广州市中级人民法院另行组成合议庭，于 2008 年 3 月 31 日作出（2008）穗中法刑二重字第 2 号刑事判决，在法定刑以下判处许霆有期徒刑 5 年，并处罚金人民币二万元。原审被告人许霆不服，提出上诉。广东省高级人民法院二审裁定维持原判，即在法定刑以下判处有期徒刑 5 年，并处罚金人民币二万元，并报最高人民法院核准。2008 年 8 月 20 日，最高人民法院以（2008）刑核字第 18 号裁定书予以核准。

二、案件评析

同样是引起社会高度重视的案件，与"赵春华案"不同，该案无法通过缓刑的手段使刑罚轻缓化。而一审判决的无期徒刑显然过于严苛，不符合罪责刑相适应原则。在社会广泛关注的情况下，最后采用了特别减轻处罚的方式，判处有期徒刑 5 年。而当时对许霆案，舆论也并不完全一致，有人支持一审的裁判，认为一审法官遵照法律判处刑罚没有什么错，并批评二审裁判，认为"法院假如不遵循这些基本的量刑准则，而随心所欲地适用'酌定减轻情节'，并根据某种需要任意地降低量刑幅度，那么，《刑法》第 63 条就可以成为法院滥用自由裁量权的'法律庇护所'了。在笔者看来，广州中院对许霆案所作的改判，就有滥用自由裁量权之嫌。"[1] 当然大多数人还是认为一审虽然没错但是并不合理。"这一看起来并不复杂的盗窃案件之所以引起公众、媒体、学界以及法律职业界的强烈关注，最重

---

[1] 陈瑞华："脱缰的野马——从许霆案看法院的自由裁量权"，载《中外法学》2009 年第 1 期。

要的原因就是，严格依法判决的结果冲撞了公众的直觉和共识，由此造就了一起典型的刑事疑难案件。在这种情况下，公众舆论对于一审判决的指责，就同时隐含了对法律正当性的质疑。"[1]

值得注意的是广东省高院二审裁定书的理由："许某的行为已经构成盗窃罪，且属盗窃金融机构，数额特别巨大，许某没有法定减轻处罚情节，如仅适用刑法分则关于盗窃罪的规定，应当判处无期徒刑以上刑罚。但是，许某的犯罪对象、犯罪手段、犯罪条件等具有特殊性：……考虑到上述特殊情况，许某具有可以减轻处罚的酌定情节，如果仅只适用刑法分则的规定，对许某在法定量刑幅度内判处最低刑罚仍属过重，有违刑法总则中所规定的罪责刑相适应的基本原则。……我国是适用成文法的国家，成文法始终存在一定的滞后性，无法包罗所有的犯罪现象和犯罪特征，很多酌定从严、从宽的量刑情节无法在已存的法律中规定。所以对被告人量刑既要考虑到法定情节，又要考虑到酌定情节及个案的特殊情况，只有将二者结合起来，综观全案妥善处理，才能最大限度地发挥成文法的优越性，弥补成文法的滞后性，充分体现法律效果与社会效果的统一。"[2]

该案是成功运用特别减轻处罚的典型案例，特别减轻处罚发挥了其应有的作用。但是，也应当看到，许霆案当时引起了社会的广泛关注，在一定程度上推动了特别减轻处罚的适用。如果没有人关注这个案件，最终结果可能会有所不同。目前全国每年的特别减轻处罚案件数量并不多，像许霆案这样能够通

---

[1] 桑本谦："传统刑法学理论的尴尬（I）——面对许霆案"，载《广东商学院学报》2009年第5期。

[2] 该案判决书来源于聚法网，载 https://www.jufaanli.com/，最后访问日期：2018年7月2日。

过特别减轻处罚制度减轻刑罚的只是区区少数。

对比以上三个案例，同样是在法定刑范围内量刑明显过重，两个采用了"迂回"的方式，要么采用有期徒刑 3 年这个交叉点，利用缓刑来实现刑罚的降低，要么采用"以刑制罪"的方式，改变罪名以实现刑罚的降低；另一个采用了法律规定的特别减轻处罚制度来实现刑罚的降低。二者孰优孰劣，特别减轻处罚这一略带神秘的制度价值何在？为何在实践中适用极少？应当如何进一步完善该制度使其发挥应有的价值？带着这些问题，笔者查阅了相关文献、历史资料，并到 H 省高级人民法院进行了调研，还从各种数据库和网络资源搜集相关案例进行总结分析，拟对上述问题做出分析和可能不太成熟的回答。

概念是研究的起点，对于特别减轻处罚这一不太被熟知的制度而言，概念的界定尤其重要。特别减轻处罚，又被称为酌定减轻处罚，根据《刑法》的规定，是指犯罪分子虽然不具有刑法规定的减轻处罚情节，但是根据案件的特殊情况，经最高人民法院核准，也可以在法定刑以下判处刑罚。

一、特别减轻处罚名称的合理性

对于特别减轻处罚概念的界定方式没有争议，但是值得探讨的是对"没有法定减轻处罚情节而在法定刑以下判处刑罚"这种情况的概括，用什么名称比较合理。

笔者最初采用了教科书上较为一致的用法——酌定减轻处罚。在刑法理论中，"酌定"与"法定"相对，"法定"指《刑法》及相关法规中明确规定了的，"酌定"指《刑法》及相关法规中没有规定但是法官认为可以酌情适用的。如在量刑情节中，法定量刑情节指《刑法》及相关法规中规定了可以或应当从轻、减轻、从重处罚的情节；而酌定量刑情节是指《刑法》及相关法规中没有规定，但是法官判案时认为可以或应当适用，从而从轻或从重处罚的情节。《刑法》第 63 条第 1 款规定了法定减轻处罚的情形，第 2 款规定了没有法定减轻处罚情节，而法官认为减轻处罚更为适宜的情形。从酌定与法定的相对关系来说，将第63条第2款的情形称为"酌定减轻处罚"具有合理性，也具有理论上的自洽性。

然而，可能是由于该制度几乎被遗忘，也可能是这个名称本身容易引起混淆，笔者在与其他人交流酌定减轻处罚问题时，总要解释很多遍其内容所指，即使这样还是很多时候被错误理解。最常见的误解是：认为酌定减轻处罚就是酌定情节的问题。这在刑法学者、法院法官、法学院学生中都很常见，且笔者都真实遇到过。而且，酌定减轻处罚这一名称在实务界并不被广泛使用。一来实务界本身就很少涉及酌定减轻处罚制度，二来笔者了解到很多法官习惯将"没有法定减轻情节而在法定刑以下量刑"的案件简称为"法定刑以下"的案件。这不得不令人深思，为何法学界的重要组成成员都不了解"酌定减轻处罚"这一名称，并且容易将酌定减轻处罚误认为酌定情节？

一般来说，容易引起误解的名字不是最合适的名字。名字本身就是为了简单明确地界定某个或某些人、事、物、国家、制度，等等。比如说到"大海"，我们脑海中就会浮现覆盖在地球上的大片的水域，随着海风撞击着海岸。而说起"大树"，我们想到的就是枝叶繁茂、随风摇曳的画面。如果给这两个事物取相似的名字，比如"大海"和"大"，说到"大"的时候，就很难让人马上、直接浮现"大树"的形象。而"酌定减轻处罚"由于与"酌定情节""酌定从轻处罚""减轻处罚"之间具有某些相似性，很多人在听到"酌定减轻处罚"时脑中首先浮现的是"减轻处罚"和"酌定情节"的混合体。而实质上，尽管在名称上有很多相似之处，但是二者具有本质的区别。酌定情节、减轻处罚、从轻处罚主要关涉的都是量刑情节问题，当然减轻处罚的范围要广一些，但是主要还是法定减轻处罚，即主要是在量刑情节的范畴中使用。而酌定减轻处罚制度是一类极其特殊的例外制度，是为了弥补法定刑的滞后性、不周延性而设置的补充制度，是量刑情节这一范畴所无法涵盖的。如此来看，酌定减轻处罚的名称与其他名称太过相似，容易引起混淆，同时也降低了此制度的重要性，使其容易淹没于量刑情节当中。名称的识别度不高严重拉低了酌定减轻处罚制度这一名称的合理性。而特别减轻处罚制度这一名称更能体现该制度的特点，同时也避免了与酌定情节等相似名称的混淆，识别度更高。故此，尽管酌定减轻处罚与特别减轻处罚所指相同，但是，为了更加醒目，除了特别需要，本书大都采用特别减轻处罚这一名称。

二、特别减轻处罚的特点和关键点

根据《刑法》第63条第2款的规定，特别减轻处罚的特点有：（1）兼具法定性与非法定性。"酌定减轻"与"法定减轻"相对，是一种"非法定减轻"，就减轻的依据而言具有"非法定性"。然而，特别减轻制度本身是一项法定制度，是《刑法》明文规定的，具有法律依据，就制度本身的法律依据而言具有"法定性"。（2）非强制性。当《刑法》规定的特别减轻情况出现时，"可以在法定刑以下判处刑罚"，当然也"可以不在法定刑以下判处刑罚"，这完全由法官裁量。而实践中，恰恰是"可以不在法定刑以下判处刑罚"的情况居多。"在"或"不在"法定刑以下判处刑罚都是合法的，只关涉是否合理的问题。

特别减轻处罚制度中的关键问题有：（1）启动条件是"案件的特殊情况"。可见特别减轻处罚是一种常规之外的例外制度，是常规制度的补充。至于何为"特殊情况"法律没有规定，学者们各有见解，法官也各有各的理解，实践中除了案件本身的因素外，可能还受到司法政策、法院领导的理解、法官个人的理解等的影响。（2）生效条件是"经最高人民法院核准"。可见，特别减轻处罚像"死刑立即执行案件"一样，受到严格限制。也正是因为这种严格限制，导致实践中特别减轻处罚的适用率极低。

三、特别减轻处罚核准问题规定于《刑法》中是否合理

《刑法》与《中华人民共和国刑事诉讼法》（以下简称《刑事诉讼法》）是刑事法中最重要的两名成员，一为实体法，一为程序法。实体法主要规定定罪处罚问题，程序法主要规定诉讼程序问题。程序法一方面要服务于实体法，另一方面也具有自身独立的价值。《刑事诉讼法》第 1 条开宗明义，规定："为了保证刑法的正确实施，惩罚犯罪，保护人民，保障国家安全和社会公共安全，维护社会主义社会秩序，根据宪法，制定本法。"

对于特别减轻处罚问题，《刑法》第 63 条同时规定了实体问题——没有法定量刑情节而在法定刑以下判处刑罚和程序问题——经最高人民法院核准。而《刑事诉讼法》中丝毫未涉及该问题。既然《刑法》是实体法，在《刑法》中规定特别减轻处罚的程序问题是否合适？笔者认为，第一，《刑法》是实体法、《刑事诉讼法》是程序法的区分只是一个大致分工，如果在实体法中需要涉及程序问题也可以规定程序问题，否则将导致"法律"之间的割裂。对于最高人民法院复核的问题，《刑法》中共有两处，除了特别减轻处罚之外，死刑案件也需要报最高

人民法院核准，[1]而这也规定于《刑法》当中。第二，"报最高人民法院核准"并不是单纯的程序问题，其首先是权力授予和权力制约问题，其次具体的核准程序和运作方式才是纯粹的程序问题。由此也可见，实体和程序不能割裂开来，二者是互相缠绕、紧密相关的。这就要求在思考刑事法问题时，应当从实体和程序两个方面来分析，二者离开哪一方面都是不完整的。反观我国的刑事法研究领域，实体法和程序法的分野越来越明显，实体法学者通常不研究程序问题，程序法学者愈加强调程序的独立价值，在远离实体法的道路上渐行渐远。特别减轻处罚问题的研究就是一个明证，尽管其涉及实体与程序两个方面的问题，但是实体法学者主要从适用条件、减轻幅度等角度思考该问题，对于程序问题基本一带而过，而程序法学者完全漠视该制度。这或许也是该制度沉寂多年的原因之一。

尽管如此，《刑法》毕竟专长于实体问题，对于特别减轻处罚的核准问题仅是简单规定，至于具体的核准程序则留给了专司程序法的《刑事诉讼法》。然而，"保证刑法的正确实施"的《刑事诉讼法》却未对此进行回应。原因之一可以从《刑法》和《刑事诉讼法》有趣的出台时间上进行解释。97《刑法》规定了"特别减轻处罚需要报最高人民法院核准"。然而，同时代的《刑事诉讼法》是在 1996 年出台的。这令人费解，《刑法》尚未出台，"为了保证刑法的正确实施"的《刑事诉讼法》如何能够先立法？只能说二者同时进行立法工作，《刑事诉讼法》立法参考了正在立法过程中的《刑法》，是根据旧《刑法》及

---

[1] 《刑法》第48条规定："死刑只适用于罪行极其严重的犯罪分子。对于应当判处死刑的犯罪分子，如果不是必须立即执行的，可以判处死刑同时宣告缓期二年执行。死刑除依法由最高人民法院判决的以外，都应当报请最高人民法院核准。死刑缓期执行的，可以由高级人民法院判决或者核准。"

未正式定稿的新刑法草案进行程序规定的。而在 97《刑法》出台前，对于特别减轻处罚的核准问题存在重大的分歧，并几易其稿。鉴于这种情况，在正式规定出台前，《刑事诉讼法》无法对特别减轻处罚的程序问题进行规定。由于法律出台时间的错位，1996 年《刑事诉讼法》无法涉及特别减轻处罚的程序问题，留下了重大的遗憾。

1996 年《刑事诉讼法》未规定特别减轻处罚的程序问题可以从立法时间上得到解释，2012 年《刑事诉讼法》又进行了一轮大规模的修改，这应当说是弥补遗憾的大好时机，然而，这次大规模的修改仍然未涉及特别减轻处罚的程序问题，仅在最高人民法院出台的司法解释中进行了简单的回应。这不得不令人深思，笔者认为原因可能是：

1. 特别减轻处罚的适用率极低，已经被绝大部分的学者和司法实务工作者遗忘。

2. 特别减轻处罚程序存在重大问题，但是，这首先需要《刑法》做出调整，然后《刑事诉讼法》才能在《刑法》确定的框架下进一步进行程序规定。

笔者更愿意相信是后者。总之，我们应当重视特别减轻处罚的程序问题，首先应当从《刑法》的规定入手，完善《刑法》中核准的规定，再在《刑事诉讼法》中相应规定特别减轻处罚的具体程序。

四、特别减轻处罚与酌定量刑情节的关系

"特别减轻处罚" 又被称为 "酌定减轻处罚"，与 "酌定量刑情节" 由于都有 "酌定" 二字，很容易被混为一谈。二者之间，除了名称上的相似性之外，还有哪些联系？酌定量刑情节

是指在法定量刑情节之外的、反映犯罪行为的社会危害性程度和犯罪人的人身危险性程度，在量刑时酌情适用的情节。可能影响量刑的情节具体对量刑的影响，由法官在裁断时自由裁量。特别减轻处罚的适用条件之一是不具有法定减轻处罚情节，那么其减轻处罚的理由必然是酌定量刑情节，并且可能有多个酌定情节并可能有法定从轻处罚情节。但是，酌定情节的累积并不必然导致特别减轻处罚。特别减轻处罚的启动是因为某个或某几个极其特殊的酌定情节的存在致使减轻处罚更加合理。总之，特别减轻处罚中必然包含酌定量刑情节，但是酌定量刑情节不必然带来特别减轻处罚。这也导致实践中酌定量刑情节司空见惯，而特别减轻处罚很少，是极个别的特例。

有论者还将酌定量刑情节分为酌定从轻情节、酌定从重情节、酌定减轻情节，[1]将特别减轻处罚制度称为"适用酌定减轻情节进行减轻处罚"。笔者认为这种分类没有什么错误，但是，似乎也作用不大。既然是酌定情节，也没有办法精确分辨哪些是酌定从轻情节，哪些是酌定减轻情节，各个酌定情节放在一起，至于最终是特别减轻处罚还是酌定从轻处罚，需要由法官综合判断。我们可以说某个案件特别减轻处罚了，其中法官特别减轻处罚的情节是特别减轻处罚情节，但是，不能说因为案件具有特别减轻处罚情节，所以进行了特别减轻处罚。进而，将特别减轻处罚制度称为"适用酌定减轻处罚情节进行减轻处罚"一来名称太长，二来逻辑上也不是很顺畅。

---

[1] 参见岳龙海、李长龙："简述酌定减轻情节的性质和适用"，载《发现天地》1997 年第 5 期。

博古以论今，了解特别减轻处罚制度的历史发展，对于我们更加深入地认识目前的特别减轻处罚样态及原因有很大的帮助。

第一节　中华人民共和国成立以前

1912 年，中华民国临时政府成立，法制未定，临时政府于 1912 年（民国元年）3 月 10 日明令宣示，《大清新刑律》除与民国国体抵触各条应失效力外，余均暂行援用。3 月 21 日，中华民国临时大总统据司法部公布删修《大清新刑律》与国体抵触各章、条及文字，并撤销暂行章程 5 条，改名称为《暂行新刑律》。[1]其中续用了《大清新刑律》中关于酌减的规定，即指犯罪人之心术和犯罪事实，情节轻者可减刑。[2]1914 年（民国三年）12 月 24 日公布《暂行新刑律补充条例》15 条，未涉

---

〔1〕参见谢振民编著：《中华民国立法史（下）》，中国政法大学出版社 2000 年版，第 887~888 页。

〔2〕《大清新刑律》于宣统二年（1910 年）十二月十二日奉谕颁布。在其第一编总则中规定了刑罚的运用，其中第十章规定了"酌减"。参见李光灿、宁汉林主编，杨堪、张梦梅著：《中国刑法通史（第八分册）》，辽宁大学出版社 1987 年版，第 47~56 页。

及酌减章的修改。此时关于"酌减"的规定还比较原则，但是已经充分体现了特别减轻处罚的精神。

1914 年（民国三年），法律编查会成立，开始修订《中华民国刑法》，历时八月，全编告成，是为《修正刑法草案》。[1]其中关于酌减的规定更加详细、具体，并阐述了酌减制度存在背景和原因："中国之行新律，近不过二三年，新旧递嬗之交，人材既未造就，即求之判例，又无可比附而剂其平，虽原案于科刑之范围，大都以三等为限，然细阅近年案牍，有旧律应科死刑，而法庭判处徒刑者；有法庭宣告死刑，而按诸旧律尚可不至实抵者；甲省所办之案，与乙省显分轻重，既在法庭范围之内，虽有长官监督，亦势处于无可如何，故修正案除死罪或兼及无期徒刑外，余概改用一种之刑，俾司法者有所遵循，斯犯法者不至枉纵。其或情罪未能恰合，总则复另设酌加酌减之条，亦不患无所补救。上下比罪，无僭乱辞，此则视乎法官之程度焉。"并在第十一章规定了酌加酌减。此时关于酌减的规定已经比较清楚，一方面在当时的法治状况下，需要用成文法严格法律适用，另一方面，对于某些较为特殊的情况，"情罪未能恰合"的，则可适用酌加酌减的规定，以作为补救之策。这种立法精神，已经与现在的特别减轻处罚制度一致。

时移势易，刑事政策应随之变更，《中华民国刑法》有修订之必要。立法院成立后，积极编纂各重要法典，于 1934 年（民国二十三年）12 月 27 日缮录"新刑法"全文并呈请国民政府届期公布。[2]其中，第八章规定了刑之酌科及加减，第 59 条规

---

〔1〕 参见谢振民编著：《中华民国立法史（下）》，中国政法大学出版社 2000 年版，第 890~891 页。

〔2〕 参见谢振民编著：《中华民国立法史（下）》，中国政法大学出版社 2000 年版，第 919~933 页。

定："犯罪之情况可悯恕者，得酌量减轻其刑。"第 60 条规定："依法律加重或减轻者，仍得依前条之规定酌量减轻其刑。"不仅如此，还规定了酌减后仍嫌过重的，可免除其刑，即第 61 条："犯左列各罪之一，情节轻微，显可悯恕，认为依第五十九条规定减轻其刑仍嫌过重者，得免除其刑：一、犯最重本刑为三年以下有期徒刑、拘役或专科罚金之罪。但第一百三十二条第一项、第一百四十三条、第一百四十五条、第一百八十六条、第二百七十二条第三项及第二百七十六条第一项之罪，不在此限。二、犯第三百二十条窃盗罪。三、犯第三百三十五条之侵占罪。四、犯第三百三十九条之诈欺罪。五、犯第三百四十九条第二项之赃物罪。"

由此可见，民国时期《中华民国刑法》即有关于特别减轻处罚的规定，并且已经具备目前特别减轻处罚制度的基本形态。

第二节　中华人民共和国成立后

中华人民共和国成立后，对特别减轻处罚的规定经历了几次大的变动，大概可分为以下几个阶段。

第一阶段：在判决书中说明理由即可特别减轻处罚

中华人民共和国成立后，在制定成文刑法的过程中，即规定了特别减轻处罚制度，并对其进行了多次反复的修改。

《中华人民共和国刑法大纲草案》[1]（中央人民政府法制委员会 1950 年 7 月 25 日）在"第三章刑罚"第 27 条中规定：

---

〔1〕 参见高铭暄等编：《新中国刑法立法文献资料总览》，中国人民公安大学出版社 2015 年版，第 77 页。

"犯罪人社会危险性不大，或因其他特殊情形，法院认为依法从重或从轻处罚，嫌其过重者，得于法定刑范围外减轻处罚之，但必须于判决书中说明减轻之理由。"此条不仅规定了减轻处罚的实体条件，同时也规定了减轻处罚的程序条件。值得注意的是此版草案非常注重判决书说理，强调了对于法定刑范围外减轻处罚的必须于判决书中说明减轻之理由，而这一对判决书说理的重视在此后的草案中也被用于特别减轻处罚。

我国刑法草案中首次关于特别减轻处罚的规定出现于《中华人民共和国刑法草案（草稿）（第 13 次稿）》[1]（全国人民代表大会常务委员会办公厅法律室 1956 年 11 月 12 日）中，其"第四章 刑罚的适用 第一节 量刑"第 64 条规定："根据案件的特殊情节，对于犯罪分子从轻判处法定刑的最低限度仍嫌过重的时候，可以减轻或者免除处罚，但是应当在判决书中说明理由。"这被认为是我国刑法草案中首次规定了特别减轻处罚，其已经具备目前特别减轻处罚规定的雏形。值得注意的是：（1）在特别减轻处罚的适用条件中，采用了"根据案件的特殊情节"的表述，而这一立法精神基本被沿用下来，只是在具体的措辞上略有变化。（2）此版草案对特别减轻处罚的监督上只采用了判决书中说理的方式，完全将裁量权赋予法官。

是否应当对法官的量刑裁量权进行一定的限制或者说监督？答案是肯定的。无论是成文法的大陆法系国家还是判例法、强调法官自由裁量的英美法系国家，法官都不是完全"自由"裁量的，都有一定的量刑规则需要遵守。法治的文明过程也可以说就是对裁判者"恣意自由"的限制过程，随着法治的发达，

---

〔1〕 参见高铭暄等编：《新中国刑法立法文献资料总览》，中国人民公安大学出版社 2015 年版，第 99 页。

这个限制也越来越精细化。当裁判者突破一般的量刑规则时，更需要特别的程序对此进行限制。对于特别减轻处罚而言，其是一般量刑规则的例外情况，即在某些特殊情况下，可以不遵守一般的量刑规则而在量刑规则规定的最低限度以下判处刑罚。但是，理论上讲，这种例外的启动必须满足一定的条件。如果没有限制地任意启动例外程序，无疑会将一般规则架空。从这个层面上讲，对特别减轻处罚仅规定"应当在判决书中说明理由"并不合理，只要说明理由便可以规避刑法规定的量刑规则，此一个条文或将其他量刑规定全部架空。

第二阶段：需经上级人民法院核准

《中华人民共和国刑法草案（初稿）（第27次稿）》[1]（全国人民代表大会常务委员会办公厅印　1962年12月修改稿）在"第四章 刑罚的具体运用 第一节 量刑"中对特别减轻处罚的规定进一步进行了完善，其第63条规定："犯罪分子具有本法规定的减轻处罚情节的，应当在法定刑以下判处刑罚。犯罪分子虽然不具有本法规定的减轻处罚情节，但是根据案件的特殊情况，判处法定刑的最低刑还是过重的，经过上级人民法院核准，也可以在法定刑以下判处刑罚。"此版草案的规定有两点值得关注：（1）对何为特别减轻处罚进行了进一步的明确。此版第63条第1款先规定了法定减轻处罚，进而，在第2款中明确"虽然不具有本法规定的减轻处罚情节"，从而将特别减轻处罚与法定减轻处罚明确区分开。这充分体现了立法技术的提高以及法律草案的不断精细化。（2）对法官的量刑自由裁量权进行了限

---

〔1〕　参见高铭暄等编：《新中国刑法立法文献资料总览》，中国人民公安大学出版社2015年版，第134页。

制，即需"经上级人民法院核准"。上文对此已进行过分析，从对例外的限制角度而言，这是立法的进步；然而，从限制科学性的角度而言，这种做法是否恰当有待商榷。

"上级人民法院"的字面含义应当包括比审判法院级别高的所有法院，此处未明确是上一级法院还是上几级法院。推测立法者的立法原意，应当是指上一级法院，如果是上几级法院将出现操作上的困难。这一点在以后的草案版本中进行了明确，即《中华人民共和国刑法草案（修正稿）（第 33 次稿）》[1]（全国人民代表大会常务委员会办公厅　1963 年 10 月 9 日印）第 63 条第 2 款将此规定修改为："犯罪分子虽然不具有本法规定的减轻处罚情节，如果根据案件的特殊情况，判处法定刑的最低刑还是过重的，经过上一级人民法院核准，也可以在法定刑以下判处刑罚。"

第三阶段：监督的反复及由审判委员会决定的确定

对于特别减轻处罚是否应当进行监督以及如何监督在立法过程中出现了反复，这首先表现在《中华人民共和国刑法草案（法制委员会修正第一稿）（第 36 次稿）》[2]（全国人大常委会法制委员会办公室印 1979 年 3 月 31 日）中，其"第四章 刑罚的具体运用 第一节 量刑"第 60 条第 2 款规定："犯罪分子虽然不具有本法规定的减轻处罚情节，如果根据案件的具体情况，判处法定刑的最低刑还是过重的，也可以在法定刑以下判处刑罚。"此版草案删除了由上一级人民法院核准的规定，基本上回

---

〔1〕　参见高铭暄等编：《新中国刑法立法文献资料总览》，中国人民公安大学出版社 2015 年版，第 155 页。

〔2〕　参见高铭暄等编：《新中国刑法立法文献资料总览》，中国人民公安大学出版社 2015 年版，第 192 页。

到了对特别减轻处罚的最初规定上，比之最初规定，还未强调判决说理。这种完全不加限制的做法很快被修改，即《中华人民共和国刑法草案（法制委员会修正第二稿）（第37次稿）》[1]（全国人大常委会法制委员会办公室印1979年5月12日）在"第四章 刑罚的具体运用 第一节 量刑"第58条第2款中规定："犯罪分子虽然不具有本法规定的减轻处罚情节，如果根据案件的具体情况，判处法定刑的最低刑还是过重的，经人民法院审判委员会决定，也可以在法定刑以下判处刑罚。"之后的《中华人民共和国刑法草案（第38次稿）》[2]（五届全国人大二次会议秘书处1979年6月30日印）未对此进行改动。1979年7月1日第五届全国人民代表大会第二次会议通过，1979年7月6日全国人民代表大会常务委员会委员长令第5号公布，自1980年1月1日起施行的79《刑法》正式确认了这一规定。这一规定成为对于特别减轻处罚的正式规定的第一个版本，即采用由审判委员会决定的方式对法官的量刑裁量权进行监督。

由此可见，对于特别减轻处罚的监督，进入1979年后出现了大的反复，从"由上一级人民法院核准"到没有任何限制，再到"由审判委员会决定"。在短短的半年中，特别减轻处罚的监督出现了反复变化。可见，对于特别减轻处罚的监督的立法尚处于摸索前进的阶段。而79《刑法》中"由审判委员会决定"的规定出现也比较匆忙，立法者对于是否应当监督、采取何种监督方式存有不同意见。之后的司法实践证明，这种监督方式力度不够，监督效果不佳，特别减轻处罚有被滥用的风险。

---

〔1〕 参见高铭暄等编：《新中国刑法立法文献资料总览》，中国人民公安大学出版社2015年版，第202页。

〔2〕 参见高铭暄等编：《新中国刑法立法文献资料总览》，中国人民公安大学出版社2015年版，第215页。

第四阶段：特别减轻处罚的大幅限缩及需经最高人民法院核准的确定

在 79《刑法》之后的新一轮刑法修改中，对特别减轻处罚的规定也进行了修改。首先，1988 年 9 月的《中华人民共和国刑法（修改稿）》[1]对特别减轻处罚的语句表述进行了小的调整，将"也可以在法定刑以下判处刑罚"修改为"也可以低于法定刑判处刑罚"。这种规定一直延续到 1995 年 8 月 8 日的《中华人民共和国刑法（总则修改稿）》[2]。从时间上看，1979 年的规定一直延续到 1995 年，基本上没有大的变动。

然而，到了 1996 年，特别减轻处罚又出现了大的波动。《中华人民共和国刑法（总则修改稿）》[3]（全国人大常委会法制工作委员会 1996 年 6 月 24 日）第 61 条延续了以前的规定，但是同时出现了另一方案：删去第 2 款。而《中华人民共和国刑法（总则修改稿）》[4]（全国人大常委会法制工作委员会 1996 年 8 月 8 日）第 63 条则采取了上述的另一方案，直接删去了特别减轻处罚的规定。1996 年 8 月 31 日，全国人大常委会法制工作委员会公布的《中华人民共和国刑法（修改草稿）》[5]延续了这一规定，删掉了特别减轻处罚的规定。由此可见立法

---

〔1〕　参见高铭暄等编：《新中国刑法立法文献资料总览》，中国人民公安大学出版社 2015 年版，第 335 页。

〔2〕　参见高铭暄等编：《新中国刑法立法文献资料总览》，中国人民公安大学出版社 2015 年版，第 420 页。

〔3〕　参见高铭暄等编：《新中国刑法立法文献资料总览》，中国人民公安大学出版社 2015 年版，第 447 页。

〔4〕　参见高铭暄等编：《新中国刑法立法文献资料总览》，中国人民公安大学出版社 2015 年版，第 453 页。

〔5〕　参见高铭暄等编：《新中国刑法立法文献资料总览》，中国人民公安大学出版社 2015 年版，第 481 页。

者对特别减轻处罚负面效应的回应及担心。尽管特别减轻处罚具有其价值，但是实践中的滥用风险使得立法者对这一制度心存恐惧，甚至采取了比较极端的方式，直接删除特别减轻处罚的规定。

1996 年 10 月 10 日全国人大常委会法制工作委员会公布的《中华人民共和国刑法（修订草案）（征求意见稿）》[1]第 63 条在采取删掉特别减轻处罚规定的同时，出现了另一方案："保留原刑法第五十九条第二款，但程序严格规定，具体修改为：犯罪分子虽然不具有本法规定的减轻处罚情节，如果根据案件的具体情况，判处法定刑的最低刑还是过重的，经高级人民法院或者最高人民法院审判委员会决定，也可以在法定刑以下判处刑罚。"1996 年 12 月中旬全国人大常委会法制工作委员会公布的《中华人民共和国刑法（修订草案）》[2]采用了上述的另一方案，但是将"经高级人民法院或者最高人民法院审判委员会决定"修改为"经最高人民法院审判委员会核准"。这种规定一直延续到 1997 年 3 月 1 日第八届全国人大第五次会议秘书处印制的第八届全国人大第五次会议文件。而在 1997 年 3 月 13 日第八届全国人民代表大会第五次会议主席团第三次会议通过的《中华人民共和国刑法（修订草案）》[3]中，进行了小幅的调整，将"经最高人民法院审判委员会核准"修改为"经最高人民法院核准"。最终生效的 97《刑法》就采用了这种规定，至

---

[1] 参见高铭暄等编：《新中国刑法立法文献资料总览》，中国人民公安大学出版社 2015 年版，第 509 页。

[2] 参见高铭暄等编：《新中国刑法立法文献资料总览》，中国人民公安大学出版社 2015 年版，第 537 页。

[3] 参见高铭暄等编：《新中国刑法立法文献资料总览》，中国人民公安大学出版社 2015 年版，第 704 页。

此 97《刑法》的特别减轻处罚模式生成。

此一时期，反映了立法者对特别减轻处罚制度本身存在价值的肯定，同时也对其可能存在的风险充满担忧。有论者指出：79《刑法》实施以来，绝大多数人民法院对于酌定减轻处罚权的行使是严肃、认真的，对有关案件的处理效果也是好的。但在 1997 年对《刑法》修订时，酌定减轻处罚制度受到一些人的质疑。有人提出，酌定减轻处罚制度不仅违背罪刑法定的原则，而且容易导致审判机关的腐败。因此，为了真正贯彻罪刑法定的原则，保持审判机关的廉洁，应当取消酌定减轻处罚制度。但多数人认为，酌定减轻处罚制度不能取消。理由是：第一，多年的司法实践证明，在刑事审判工作中，确实不时会遇到虽然犯罪分子不具有法定减轻处罚情节，但根据案件的具体情况和罪刑相适应的原则，判处法定最低刑还嫌过重的情况。如果取消酌定减轻处罚制度，量刑的结果就势必造成轻罪重判，违背罪刑相适应的原则。第二，权力和权力滥用是两码事。权力的存在可以导致权力的滥用，但二者并不存在必然的联系。不能因为权力在一定情况下可能被滥用便否定权力设立的正当性。第三，酌定减轻处罚制度与罪刑法定原则并不冲突。罪刑法定包括犯罪和刑罚都由在当时生效的法律确定，其基本含义是法无明文规定不为罪，法无明文规定不处罚。罪刑法定原则所具有的限制功能，是对法外入罪与法外加刑的限制，该原则从来不对出罪与减刑加以限制。酌定减轻处罚是法律赋予审判机关的一种有利于被告人的刑罚裁量权，酌定减轻处罚的依法适用是罪刑法定原则的必然要求，根本谈不上违背罪刑法定原则的问题。[1]

---

〔1〕 参见高西江主编：《中华人民共和国刑法的修订与适用》，中国方正出版社 1997 年版，第 209 页。

鉴于这种情况，立法保留了特别减轻处罚制度，但是同时对其严格监督，规定了由较高级别的法院核准，并在高级法院和最高人民法院之间最终选择了最高人民法院。从由审判法院的审判委员会决定到直接提高到由最高人民法院核准，不得不说是从一个极端走向了另一个极端。对此，有学者评价为"立法的本意是肯定、维护酌定减轻处罚，仅是为了防止酌定减轻处罚被滥用，才规定了严格的核准程序，不料，这一规定致使酌定减轻处罚在实务中奄奄一息。"[1]

第五阶段：特别减轻处罚的静止阶段

97《刑法》后，尽管又有单行刑法及 11 个刑法修正案出现，然而，对于特别减轻处罚却始终未再触及。《最高人民法院关于常见犯罪的量刑指导意见》（法发〔2013〕14 号）中对于确定宣告刑的方法的规定是："根据案件的特殊情况，经最高人民法院核准，也可以在法定刑以下判处刑罚。"2017 年的《最高人民法院关于常见犯罪的量刑指导意见》（法发〔2017〕7号）的规定也与此一致，仅是简单复述了 97《刑法》的规定，未进行深入的解释。其他司法解释也对特别减轻处罚避而不谈，很多司法解释中都规定了对于某些情况，可以免除或从轻处罚，[2]但是都避而不谈减轻处罚这种中间状态。既然都可以免除处罚了，必然也存在可以减轻处罚的情况，但是司法解释都

---

〔1〕 参见李立众："修改酌定减轻处罚核准主体之建议"，载《人民检察》2011 年第 9 期。

〔2〕 比如《最高人民法院对执行〈关于审理非法制造、买卖、运输枪支、弹药、爆炸物等刑事案件具体应用法律若干问题的解释〉有关问题的通知》第 2 条规定："行为人确因生产、生活所需而非法制造、买卖、运输枪支、弹药、爆炸物，没有造成严重社会危害，经教育确有悔改表现的，可依法免除或者从轻处罚。"

回避了特别减轻处罚问题。这可能导致实践中量刑畸重或畸轻，为了规避程序繁琐的核准程序，法官可能选择要么在法定刑范围内量刑，要么干脆免除处罚，有论者指出"要适用第 63 条第 2 款减轻处罚，有的可能不一定符合现行《刑法》规定的特殊情节，再有就是程序太麻烦，不如直接引用《刑法》第 37 条免除刑罚。"〔1〕

对此，也有学者指出，在《中华人民共和国刑法修正案（八）》（以下简称《刑法修正案（八）》）草案的研拟过程中，也有过修改特别减轻处罚的意见，但是于 2010 年 8 月 23 日提交全国人大常委会审议并随后向社会公开征求意见的"刑法修正案（八）"草案因故并未采纳修改特别减轻处罚权的建议。其中的原因不得而知，事实上表现出来的是立法和司法解释似乎将特别减轻处罚遗忘了。

以上的静止状态指的是立法情况，就司法情况而言，总体来说，97《刑法》修改特别减轻处罚的核准条件之后，特别减轻处罚制度的适用就出现了断崖式的下跌，当时有人指出每年最高人民法院核准的案件也就一二十件。〔2〕但是，就最高人民法院对特别减轻处罚的核准标准把握而言，对特别减轻处罚制度的适用是在逐步放宽。2004 年广东省高级人民法院向最高人民法院报送法定刑以下判处刑罚的冯洲受贿案，未被核准。〔3〕

---

〔1〕　参见张军等：《刑法纵横谈・总则部分》，北京大学出版社 2008 年版，第 397 页。

〔2〕　张军等：《刑法纵横谈・总则部分》，北京大学出版社 2008 年版，第 390 页。

〔3〕　该案案情为：被告人冯洲任阳江市某区某镇某管理区党支部书记，因其任职管理的区域有开发商因征地与村民产生纠纷，无法施工，开发商送给冯洲 10 万元的活期存折，请求其帮忙理顺与村民的关系，以使工程顺利进行。冯洲做村民工作未果，要求开发商将存折取回，但一直未取走，案发后查获该存折。参见李剑彼、唐建秋："法定刑以下判处刑罚的特殊情况和量刑"，载《人民司法》2015 年第 14 期。

对于此案，最高人民法院征求了全国人大法工委的意见，全国人大法工委认为：97《刑法》第63条第2款关于因"特殊情况"在法定刑以下判处刑罚的规定，主要是针对涉及国防、外交、民族、宗教等极个别特殊案件的需要，不是对一般刑事案件的规定。根据该答复的精神，最高人民法院并未核准该案，理由为："冯洲受贿数额达10万元人民币，应处10年以上有期徒刑，其不具有法定刑以下判处刑罚的特殊情况，依法不能在法定刑以下判处刑罚。"〔1〕之后，关于特别减轻处罚的文章大多都会涉及"特殊情况"的范围探讨，就笔者见到的相关文章，绝大部分学者反对这种解读，认为特殊情况不应当仅指"涉及国防、外交、民族、宗教等"的案件，还应当包括案情本身的特殊情况。而最高人民法院的态度也发生了转变，逐步放宽了特别减轻处罚的核准标准，有学者进行了统计，"仅2007年至2009年，最高人民法院就核准了199件法定刑以下判处刑罚案件，且核准率为93.8%。从立法精神和核准的案件分析，'特殊情况'包括：（1）因国防、外交、民族、宗教等涉及国家利益的案件……（2）法律的形式逻辑普遍规范性与个案罪刑相适应的内在冲突。"〔2〕实质上，就笔者对近5年特别减轻处罚案例的收集上看，笔者搜集到的案例全部都不属于涉及国防、外交、民族、宗教的案件，都是因为案情本身的情况特殊或者法律规定得不合理导致在法定刑范围内量刑畸重。〔3〕总之，尽管立法上处于静止状态，但是司法中在逐步放宽特别减轻处罚的适用，

---

〔1〕 李剑弢、唐建秋："法定刑以下判处刑罚的特殊情况和量刑"，载《人民司法》2015年第14期。

〔2〕 参见李剑弢、唐建秋："法定刑以下判处刑罚的特殊情况和量刑"，载《人民司法》2015年第14期。

〔3〕 调研的情况将在下文实践论部分进行详述。

只是总体而言，全国的总适用量还是比较少。

与此同时，理论界对此关注亦不多。这一点笔者在文献综述部分已进行了详细的梳理。

综上，无论是立法、实践还是理论界，特别减轻处罚似乎进入了半休眠状态。

第三节　特别减轻处罚制度演变评析

纵观我国特别减轻处罚制度的历史发展，可以发现以下几个特点：

一、特别减轻处罚制度存在的必要性

我国特别减轻处罚制度从民国时期即显雏形，之后逐渐发展，足见其存在的必要性。民国时期立法即考虑到了成文法的滞后性和不灵活性，采用了"特殊情况下可突破成文法下限"的方式来对成文法纠偏。中华人民共和国成立后，也采用了相同的模式，初期的刑法草案中就规定了特别减轻处罚制度，之后虽然历经多次大大小小的修改，也发生过大的反复，但是保留特别减轻处罚制度还是主流和共识。仅在 1996 年对《刑法》进行密集修改时出现过一版删掉此制度的情况，但是之后很快又恢复了特别减轻处罚制度，只是加大了限制力度。尽管 79《刑法》之后，特别减轻处罚制度的司法实践让人担忧，但是之后的主流观点还是保留此制度，肯定此制度存在的价值。

从特别减轻处罚制度的历史发展可以看出，此制度的存在必要性不容置疑。然而，就目前来看，此制度几被闲置，并未真正发挥其应有的作用。这不得不说是我国刑事法律制度的一

大缺憾。纵观历史发展，这种缺憾是由制度本身的不合理造成的，应当说是一个技术问题。我们应当从制度层面对其进行完善，使其价值充分发挥。

二、特别减轻处罚制度的借鉴和发展

新中国特别减轻处罚制度起步阶段借鉴了苏俄，之后却与苏俄走上了不同的发展道路。就特别减轻处罚制度而言，有必要研究一下俄罗斯的刑法规定，其对我国早期特别减轻处罚制度的建立具有重大影响，而且其目前的规定也非常有特色，值得借鉴。俄罗斯刑法对特别减轻处罚的规定经历了一个过程。1918 年 11 月 30 日《苏俄人民法院条例》规定，法院可以减轻刑罚，但是必须在判决书中说明减轻刑罚的理由。[1]1922 年《苏俄刑法典》中，法院除有权判处低于最低限的刑罚外，还有权判处刑法典具体条款没有规定的较轻的刑罚。这种情况下减轻刑罚的必要条件是每一具体案件中应该有确定的特殊情节（1922 年《苏俄刑法典》第 28 条）。[2]这一规则几乎毫无改变地被 1924 年《刑事立法基本原则》和后来的 1926 年《苏俄刑法典》所接受。1926 年《苏俄刑法典》第 51 条规定，由于案件的特殊情况，法院有权"判处低于最低限度的社会保卫方法，或者判处其他更轻的社会保卫方法"。同时还规定："如果法院认为被告人在案件审理的时候已不是对社会有危害的人，并可完全不对他判处社会保卫方法。"[3]

而我国在 79《刑法》的制定过程中，就特别减轻处罚制度

[1]《1917 年—1952 年苏联和苏俄刑事立法史文件汇编》，莫斯科 1953 年版，第 35 页、第 41 页。

[2]《第一部苏维埃刑法典》，莫斯科 1970 年版，第 181 页。

[3]《1926 年苏俄刑法典》，莫斯科 1953 年版，第 15 页。

也经历过"必须说明理由"的阶段，即 1950 年版的《中华人民共和国刑法大纲草案》第 27 条也规定特别减轻处罚的，必须于判决书中说明减轻的理由，并且"说理"是唯一的要求，并不需要审判委员会决定或者上级法院的核准。这与《苏俄刑法典》的规定非常相似，在学习苏联的时期，这极可能受到了《苏俄刑法典》的影响。

　　然而，1958 年之后，《苏俄刑法典》就特别减轻处罚制度的规定出现了新的转向。"1958 年《苏联和各加盟共和国刑事立法纲要》第 37 条和 1960 年《苏俄刑法典》第 43 条也对判处比法定刑更轻的刑罚作了规定。除特殊的案情外，法院还要考虑犯罪人的个人情况。"〔1〕1960 年《苏俄刑法典》第 43 条规定，"法院斟酌特殊的案情和犯罪人的身份，认为有必要时，可以对犯罪人判处低于法律对这种罪行所规定的最低限度的刑罚，或者改用他种较轻的刑罚，但必须说明理由"。由此可见，苏俄刑法开始对特别减轻处罚制度的适用条件进行描述，而到了 1994 年，这种描述更加具体，1994 年 7 月 1 日的俄罗斯联邦法律修订了 1960 年《苏俄刑法典》第 43 条，对该条进行补充，规定了自首和积极协助揭露犯罪等情节。而 1996 年《俄罗斯联邦刑法典》则更加具体详细：当存在与犯罪的目的和动机，犯罪人的作用，犯罪人在实施犯罪时和实施犯罪后的行为有关的特殊情节时和存在其他大大减轻犯罪社会危害性程度的情节时，以及集团犯罪的参加者积极揭露该犯罪时，刑罚可以低于本法典分则有关条款规定的低限，或者法院可以判处比本条的规定更轻的刑种，或者不适用本来作为必要从刑的从刑。

---

　　〔1〕　参见《俄罗斯联邦刑法典》，黄道秀译，北京大学出版社 2008 年版，第 23~25 页。

而我国的特别减轻处罚制度则走上了与《苏俄刑法典》完全不同的道路。我国刑法典没有就特别减轻处罚的适用条件进行细化和限定，而是从监督上着手，从1962年开始直至97《刑法》出台之后数度的讨论、修改，都是围绕特别减轻处罚的监督进行的，试图以审委会决定、上一级法院核准、高级或最高人民法院决定、高级人民法院核准、最高人民法院核准的方式来限制特别减轻处罚制度的滥用。各种监督方式都曾经是备选项，然而最终成为刑法典正式条文的只有两种方式：一是79《刑法》规定的由审判委员会决定即可特别减轻处罚；二是97《刑法》规定的需由最高人民法院核准才能特别减轻处罚。而司法实践证明，这两种方式效果都不好，一种带来了制度的滥用，另一种带来了制度的虚置。

梳理我国特别减轻处罚制度的发展脉络，借鉴苏俄制度的特点，应当反思：（1）我国对特别减轻处罚制度的监督模式是否合理，是否还有其他选项，是否可以借鉴俄罗斯的方式在特别减轻处罚的启动条件上进行限制。（2）在现有的特别减轻处罚制度的监督模式之下，应如何选择更为合理的监督方式。

三、特别减轻处罚的规定变化

79《刑法》与97《刑法》对特别减轻处罚的规定都出现得非常匆忙。79《刑法》出台之前，各个版本的草案中曾出现过只需说明理由、不加任何限制、由上级法院核准等多种监督方式，到了1979年5月12日，"由审判委员会决定"的方式才第一次出现，而1979年7月1日第五届全国人民代表大会第二次会议就审议通过了，之间间隔不足两个月。

巧合的是，97《刑法》对特别减轻处罚监督方式的规定，与 79《刑法》相似，也出现得非常匆忙。在早期 79《刑法》的修改草案中，并未对监督方式进行大的修改。而进入 1997 年后，突然对特别减轻处罚的监督方式出现了大幅度的限缩，从彻底删除特别减轻处罚制度到考虑保留特别减轻处罚制度但是进行严格限制，监督方式也从"高级人民法院或者最高人民法院"监督到由"最高人民法院"监督。在短短的不到 1 年的时间内，对特别减轻处罚进行了几次大的修改，并成了 97《刑法》的正式规定。无论是 79《刑法》还是 97《刑法》，对特别减轻处罚的规定都显得轻率，匆忙决定，未经过长时间的试点和经验总结；一个几乎不加限制另一个极度严格地限制，从一个极端走向另一个极端。这反映出立法技术的不成熟。

另一个巧合是，无论是 79《刑法》还是 97《刑法》，在出台前一年对特别减轻处罚的密集修改中，都是围绕特别减轻处罚的监督方式进行的。特别减轻处罚的启用条件从来都不是立法者关注的重点。监督方式的选择思路都是上级法院监督，所不同的是上一级法院、高级人民法院还是最高人民法院。从最初的放权思维，由"上一级法院核准"改为本级人民法院审判委员会决定，到放权后的限权思维，由"高级人民法院或者最高人民法院审判委员会核准"到"最高人民法院核准"，尽管经历了放权、限权的巨大转变，但是思维模式始终没有跳出上级法院监督的传统。

影响法律修改的因素很多。法律应当有相对稳定的性质，不应当过于随意。特别减轻处罚的两次立法都比较匆忙和缺乏实践试点、缺乏理论支撑。随着法治的发展和逐渐成熟，我国近些年越来越重视理论储备和实践试点，这在刑事诉讼领域尤其突出。比如，速裁程序改革就采取了先行试点的立法模式。

2014 年 6 月 27 日，全国人大常委会作出《关于授权最高人民法院、最高人民检察院在部分地区开展刑事案件速裁程序试点工作的决定》，授权最高人民法院、最高人民检察院在我国北京、天津、上海、重庆、沈阳、大连、南京、杭州、福州、厦门、济南、青岛、郑州、武汉、长沙、广州、深圳、西安 18 个地区开展刑事案件速裁程序试点工作；2014 年 8 月，最高人民法院、最高人民检察院、公安部、司法部联合印发《关于在部分地区开展刑事案件速裁程序试点工作的办法》，规定试点期限两年。两年的试点结束后，速裁程序在全国范围内推开，进一步接受实践的检验。2018 年 10 月份公布的《中华人民共和国刑事诉讼法（修正草案）》在原《刑事诉讼法》第三编第二章增加一节"速裁程序"作为第四节。速裁程序从开始试点到正式入法，时间超过 4 年。认罪认罚程序的改革也经历了相似的过程，同样先行试点后立法的制度还有很多。

就特别减轻处罚将来的修改而言，也应当采取这种模式，先行进行理论的探讨和方案的拟定，再选定部分区域进行试点，可同时进行不同方案的试点，试点的过程中不断进行经验总结和效果对比，确定较为合适的最终方案，再上升到法律。

四、特别减轻处罚制度的闲置

我国特别减轻处罚制度的发展可谓坎坷，经历了反复变化，始终未找到合适的状态。由于立法上的限缩，97《刑法》之后，司法实践中特别减轻处罚制度进入了半沉睡状态。而立法和理论界，似乎也对特别减轻处罚制度失去了信心。刑法学界极少针对特别减轻处罚开展研究，刑事诉讼法学界几乎无人关注特别减轻处罚的程序问题，而立法和司法解释中，也再未触及此制度。

　　从该制度的历史梳理可以看出，特别减轻处罚制度有其存在的价值，而从该制度反复变化的过程可以看出，目前这种半沉睡状态主要是由立法的不合理导致的。97《刑法》"矫枉过正"的严格限制直接导致了特别减轻处罚的沉寂。在特别减轻处罚半沉睡20多年后，已经到了修正法律偏差以唤醒该制度的时候。

　　实践证明，97《刑法》的规定过于苛刻，应当适度放松限制。同时，20多年过去，我国的法治状况和社会情况都有了巨大的变化，除了在20多年前的语境中探讨限制过于苛刻外，还应当在当下语境中，探讨适合于当下的特别减轻处罚制度，避免与社会情况不相适应的过度放权和过度限权，努力寻求恰当的平衡点，从而使特别减轻处罚制度发挥应有的作用。

　　我国特别减轻处罚制度实践中的运行状况如何？对此问题进行实证调研的数据并不多，经过资料收集，笔者能找到的所有关于特别减轻处罚实践情况的实证数据有 4 处：一是对 97《刑法》之后每年特别减轻处罚案件数量的粗略统计，1997 年刑法实施后，每年最高法院核准酌定减轻处罚的案件只有那么一二十件。[1] 二是 2003 年至 2011 年江苏省和全国特别减轻处罚案件的总数，"自 2003 年以来，江苏省法院经报核在法定刑以下判处刑罚的案件仅有一件，全国法院同期也只有 677 件。总体数量低，没有实现法定刑以下刑罚核准制度的设计初衷和立法目的。"[2] 三是 2007 年到 2009 年最高人民法院核准案件总数，"仅 2007 年至 2009 年，最高人民法院就已核准了 199 件法定刑以下判处刑罚案件"。[3] 四是有硕士生通过网上案例收集，总共收集到最高人民法院核准适用案例 37 个，不予核准适用案例 60 个，

---

　　[1] 参见张军等著：《刑法纵横谈·总则部分》，北京大学出版社 2008 年版，第 390 页。

　　[2] 公丕祥："完善法定刑下判处刑罚的核准制度"，载《中国审判》2011 年第 4 期。

　　[3] 参见李剑弢、唐建秋："法定刑以下判处刑罚的特殊情况和量刑"，载《人民司法》2015 年第 14 期。

并进行了统计分析。[1]总体而言，对特别减轻处罚的实证数据不多，笔者试图在此基础上进行更加详细的实证调研并统计分析，从而了解现在每年特别减轻处罚案件大概的量，都是因为什么原因而特别减轻处罚的，涉嫌罪名是轻罪还是重罪，减轻处罚的幅度有多大，是否表现出一定的规律等现状，这些问题的回答，对于比较全面地了解特别减轻处罚制度的运行情况具有重要意义，同时，也是进一步完善特别减轻处罚制度的事实基础。

基于这种考虑及实际条件，笔者主要进行了两类的调研，一是通过网络搜索，尤其是判决书网，查找 2013 年至今（2021 年）特别减轻处罚的判决；二是到我国的 H 省高级人民法院进行实地调查，收集该省 2013 年~2017 年 5 年内被最高人民法院核准了的特别减轻处罚案件。由于条件所限，无法对全国情况进行全面的调研，以期通过这两种方式互相弥补，勾勒出我国特别减轻处罚制度实践运行的概貌。

第一节　网上案例统计分析

笔者对各种判决书数据库、网站进行搜索，查找 2013 年~2021 年 9 年内法定刑以下量刑的判决，再逐个阅读判决书，删减掉不符合要求的判决，主要是：具有法定减轻处罚情节的案例，一审或二审判决特别减轻处罚后又被改判的，判决特别减轻处罚后层报过程中被驳回后改判法定刑以内的。

经过案例搜集、几轮删减后，最后得到符合要求的案例 122

---

[1]　参见黎涵：“特别减轻制度司法适用的实证研究”，浙江大学 2017 年硕士学位论文。

件。然后对这 122 件案例进行了分类统计与分析。这种统计方法具有一定的不足，是一种不精确统计。首先，可能有些案件的判决书没有上网，导致漏统计。尤其是时间较早的年份，判决书很多没有上网。其次，可能多统计一些案件。由于无法查找到最高人民法院全部的核准裁定书，目前查找到的特别减轻处罚案件，有可能在层报的过程中被驳回或者被不予核准，最终导致重新审判。在案例统计过程中，笔者尽量查找到目标案件有关的所有判决、裁定，将有线索证明层报过程中被驳回的案例剔除。

尽管这种调研方法有一定局限性，但是从已经收集到的案例来看，其在罪名、特别减轻处罚的理由等方面表现出了很多的特点，对于了解特别减轻处罚实践中的状况以及分析特别减轻处罚类案背后的原因，甚至反推我国刑法理论和立法、司法解释都有一定的参考作用。

一、判决年份统计

表 4.1　网上案例年份统计表

年份	年件数	在 5 年中占比
2013	7	5.7%
2014	9	7.4%
2015	14	11.5%
2016	11	9.0%
2017	19	15.6%
2018	27	22.1%
2019	15	12.3%

年份	年件数	在 5 年中占比
2020	16	13.1%
2021	4	3.3%
总计	122	100%

　　由于判决书并没有全部上网，尤其较早的年份，因此，很难从收集到的案例数量上判断近几年数量的趋势，表 4.1 仅是收集到的案例的概览。笔者还对 H 省高级人民法院进行了调研，虽然案例总数并不多，但是其中很多案例在网上判决书收集当中没有找到，这也印证了判决书没有全部上网，很大一部分实际的案例没有被统计到。由于这两部分采取了不同的收集、统计方法，所以就分别进行分析，此部分没有再补充 H 省其他的案例进来。

二、涉嫌轻罪、重罪及减轻幅度统计

表 4.2　网上案例涉嫌轻重罪统计表

法定刑轻重	法定刑具体划分	人数		占比（总 60 件）	
轻罪	法定刑 3 年以下	0		0%	
重罪	法定最低刑 3 年	10		6.0%	
	法定最低刑 5 年	42		25.3%	
	法定最低刑 7 年	4	166	2.4%	100%
	法定最低刑 10 年	109		65.7%	
	无期	1		0.6%	

　　由于有的案例中涉及多个被告人被特别减轻处罚，在法定刑轻重部分按照人数来计算。收集到的案例中，没有一起是法

定刑 3 年以下的案件，即我们通常说的轻罪案件。有学者认为"实践中需要适用该规定的案件轻罪居多，而层报至最高人民法院核准所需时间较长，许多案件经过侦查、审查起诉、一审或二审后，被告人被羁押的时间可能已经接近甚至超出应当判处刑罚的期限，法院只好根据被告人被实际羁押时间作出判决，而不再报核。"[1]笔者收集到的案例中，没有一起是轻罪案件，也部分验证了这种判断。

在重罪案件中，法定刑 10 年以上的人数占到了总数的65.7%，接近 2/3。这说明特别减轻处罚在严重犯罪中的需求更大。可能的解释是特别减轻处罚的适用条件是在法定刑内的最低刑判处刑罚仍然明显过重时，才考虑适用特别减轻处罚制度。一者，特别减轻处罚本身就不是常规的程序，而是特殊情况下的一种特别安排，因此，不到非用不可，即不用可能造成极大的不公正时才会考虑适用；二者，特别减轻处罚的程序繁琐，不到非用不可，一般不考虑适用。这可能带来的问题是，在罪责刑相适应的程度上，只有罪责刑极不适应的时候，才会采用特别减轻处罚来纠正立法与现实的偏差；在罪责刑不太适应，但是程度不太严重时，往往就囿于成文法的规定，保持了这种略微偏差的状态。

这一点，从减轻处罚的幅度上也可以看出。

表 4.3　网上案例减轻幅度统计表

减轻幅度	人数	占比
少于 1/3	7	4.3%

[1] 李玉萍："适用酌定减轻处罚的几个问题"，载《人民法院报》2009 年 6 月 10 日，第 6 版。

续表

减轻幅度	人数	占比
1/3~2/3	97	59.1%
高于2/3	60	36.6%

　　绝大多数案件的减轻幅度超过了1/3，即目前搜集到的绝大多数特别减轻处罚案件，都是因为在法定刑范围内量刑将严重超出法官认为的罪责刑相适应的刑罚，才会考虑采用特别减轻处罚。反之，对于在法定刑范围内量刑尽管与法官认为的罪责不太适应，但是不是那么严重的，就不再那么麻烦地走特别减轻处罚程序，而是在法定刑范围内量刑了。

　　另外，法定刑5年以上的人数位居第二，这是因为案例中很大一部分是涉及危害野生动物的案件，由于相关司法解释的出台，造成这一类案件在2018、2019、2020年大量出现，而这类案件中往往涉及多个被告人，造成了总人数的增加。

　　以上分析可见，欲使特别减轻处罚更好地发挥立法与现实偏差的矫正器的作用，就要使该制度的使用更加便捷，更为法官所欢迎。

三、特别减轻的案件类型统计

表4.4　网上案例案件类型统计表

案件类型	案件数	占比	分项	各项数量	各项占比
故意伤害	31	25.4%	/	/	/
数额犯	29	23.8%	/	/	/

续表

案件类型	案件数	占比	分项	各项数量	各项占比
涉珍贵动物、野生动物及其制品	19	15.6%	走私珍贵动物、珍贵动物制品	3	2.5%
			危害珍贵、濒危野生动物	16	13.1%
非法制造、买卖、运输、邮寄、储存枪支、弹药、爆炸物罪	18	14.8%	涉爆炸物	14	11.5%
			涉枪支	4	3.3%
拐卖妇女儿童	5	4.1%	/	/	/
入户抢劫	4	3.3%	/	/	/
盗掘古文化遗址、古墓	3	2.5%	/	/	/
非法种植毒品原植物	2	1.6%	/	/	/
其他	11	9.0%	/	/	/

通过对特别减轻处罚案件类型进行分析,可以发现其中一些规律性特点,同时也应当反思,这种例外情形的适用是否反映出我国刑法一般的量刑规则的某些不合理或需要改善之处。笔者就上述统计分析中占比最高的故意伤害案,数额犯,涉珍贵动物、野生动物及其制品案,非法制造、买卖、运输、邮寄、储存枪支、弹药、爆炸物罪四类进行分析。

(一) 故意伤害类案件

在特别减轻处罚的案件类型中,数量最多的是故意伤害案件，占到了案件总数的 25.4%，而这些故意伤害案件中，又绝大多数为故意伤害致死案件，应当判处 10 年以上有期徒刑，但是被害人有心脏病，其死亡是由于犯罪行为和疾病发作共同导致的。

特别减轻处罚相对于一般的量刑规则而言，是例外与一般的关系。当一般量刑规则无法涵盖案件的特殊性时，才采用特别减轻处罚制度。但是，当某种例外反复多次出现，就应当反思一般规则，是否应当将一般量刑规则进行完善，使其能够涵盖这种反复多次出现的状况，而不再将其作为一种特殊情况、例外情况对待。就像鲁迅先生说过的，世上本没有路，走的人多了就成了路。当只有一两个人走的时候，这是一种特殊情况，还不能称其为道路；当走的人多了，也就应当开辟成道路。

对于故意伤害诱发心脏病发作致被害人死亡案件的量刑，由于犯罪人的行为并不是导致被害人死亡的全部原因，而只是其心脏病发作的诱因，被害人死亡的原因中，心脏病发作所占的比例更高，而犯罪人对于被害人有心脏病并不知情，也没有可能预见到其伤害行为会致使被害人死亡。对于此类案件，如果简单地按照犯罪行为所造成的后果来评断犯罪人的罪责，显然是有失公允的。而现实生活中，这类案件的数量也很多。反观我国刑法对故意伤害案件量刑的规定，《刑法》第 234 条规定："故意伤害他人身体的，处三年以下有期徒刑、拘役或者管制。犯前款罪，致人重伤的，处三年以上十年以下有期徒刑；致人死亡或者以特别残忍手段致人重伤造成严重残疾的，处十年以上有期徒刑、无期徒刑或者死刑。本法另有规定的，依照规定。"在刑罚档次的划分上，主要依据就是犯罪后果，即轻伤、重伤、死亡或严重残疾。从特别减轻处罚案件的调研情况可以发现，这种不考虑其他情节而主要看后果的刑罚档次划分并不完全合理，没有考虑到实践中的一些特殊情形，导致故意伤害诱发心脏病发作致被害人死亡案件的量刑过重。鉴于司法实践中这类案件比较多，有必要在刑法分则中将这种情况单独进行规定，笔者建议在《刑法》第234条中增加1款："对于被害人有特殊体质，故意伤害行为只是被害人死亡的诱因，并且犯罪人对被害人的特殊体质不知情也不可能知情的，可减轻处罚。"如此，则将故意伤害诱发心脏病发作致被害人死亡案件从特别减轻处罚变更为法定减轻处罚，不需要再进行核准。

（二）数额犯

笔者将贪污、贿赂、挪用公款、诈骗、虚开增值税发票、盗窃这几类量刑档次与犯罪数额直接相关的案件归于数额犯一类。这类案件数量仅次于故意伤害案件，占到了23.8%。分析这类案件需要特别减轻处罚的原因，笔者认为：

其一，由于立法的稳定性和滞后性，早年法律及司法解释规定的数额在当时可能是合适的，但是随着我国经济水平的快速提高和公民收入和物价的上涨，这个数额的规定会显得越来越严苛，即当时认为1万元是很多的钱，规定1万元以上为数额巨大，但是到了今天，就认为1万元并不算多，可能规定10万元为数额巨大更为合适。比如对于贪污罪，97《刑法》规定："对犯贪污罪的，根据情节轻重，分别依照下列规定处罚：（一）个人贪污数额在十万元以上的，处十年以上有期徒刑或者无期徒刑，可以并处没收财产；情节特别严重的，处死刑，并处没收财产。（二）个人贪污数额在五万元以上不满十万元的，处五年以上有期徒刑，可以并处没收财产；情节特别严重的，处无期徒刑，并处没收财产。（三）个人贪污数额在五千元以上不满五万元的，处一年以上七年以下有期徒刑；情节严重的，处七年以上十年以下有期徒刑。个人贪污数额在五千元以上不满一万元，犯罪后有悔改表现、积极退赃的，可以减轻处罚或者免予刑事处罚，由其所在单位或者上级主管机关给予行政处分。（四）个人贪污数额不满五千元，情节较重的，处二年以下有期徒刑或者拘役；情节较轻的，由其所在单位或者上级主管机关酌情给予行政处分。对多次贪污未经处理的，按照累计贪污数额处罚。"在1997《刑法》颁布18年后，物价已经上涨了几倍，但是贪污罪的量刑仍然按照1997年的数额标准。这显然已经不能完全符合罪责刑相适应的原则。所以2015年《中华人民共和国刑法修正案（九）》（以下简称《刑法修正案（九）》）对此进行了调整，不再规定具体的数额。2016年《最高人民法院、最高人民检察院关于办理贪污贿赂刑事案件适用法律若干问题的解释》对数额进行了重新规定[1]，并对量刑

---

〔1〕《最高人民法院、最高人民检察院关于办理贪污贿赂刑事案件适用法律若干问题的解释》第1条规定："贪污或者受贿数额在三万元以上不满二十万元的，应当认定为刑法第三百八十三条第一款规定的'数额较大'，依法判处三年以下有期徒刑或者拘役，并处罚金。贪污数额在一万元以上不满三万元，具有下列情形之一的，应当认定为刑法第三百八十三条第一款规定的'其他较重情节'，依法判处三年以下有期徒刑或者拘役，并处罚金：（一）贪污救灾、抢险、防汛、优抚、扶贫、移民、救济、防疫、社会捐助等特定款物的；（二）曾因贪污、受贿、挪用公款受过党纪、行政处分的；（三）曾因故意犯罪受过刑事追究的；（四）赃款赃物用于非法活动的；（五）拒不交待赃款赃物去向或者拒不配合追缴工作，致使无法追缴的；（六）造成恶劣影响或者其他严重后果的。受贿数额在一万元以上不满三万元，具有前款第二项至第六项规定的情形之一，或者具有下列情形之一的，应当认定为刑法第三百八十三条第一款规定的'其他较重情节'，依法判处三年以下有期徒刑或者拘役，并处罚金：（一）多次索贿的；（二）为他人谋取不正当利益，致使公共财产、国家和人民利益遭受损失的；（三）为他人谋取职务提拔、调整的。"第2条规定："贪污或者受贿数额在二十万元以上不满三百万元的，应当认定为刑法第三百八十三条第一款规定的'数额巨大'，依法判处三年以上十年以下有期徒刑，并处罚金或者没收财产。贪污数额在十万元以上不满二十万元，具有本解释第一条第二款规定的情形之一的，应当认定为刑法第三百八十三条第一款规定的'其他严重情节'，

幅度进行了重新划分。对于判处 10 年以上刑罚的数额，由原来的 10 万元以上提高到了 300 万元以上，翻了 30 倍。但是在《刑法修正案（九）》出台之前，尽管 97《刑法》关于贪污数额的规定已经远远落后于现实，但是实践中还是不得不按照 97《刑法》的规定进行量刑。目前收集到的贪污、贿赂、挪用公款的案件都是《刑法修正案（九）》出台之前或者《刑法修正案（九）》出台后《最高人民法院、最高人民检察院关于办理贪污贿赂刑事案件适用法律若干问题的解释》出台之前的。但是，特别减轻处罚的案件毕竟是少数，而实践中大量的贪污、贿赂、挪用公款类案件，尽管法官也认为按照 97《刑法》数额的规定量刑过重，但是仍然在法定刑范围内量刑，而没有走特别减轻处罚程序。这说明特别减轻处罚没有发挥应有的作用，大量应当特别减轻处罚的案件没有特别减轻处罚。

随着物价上涨，数额犯总是在慢慢地、逐渐地滞后于司法实践，鉴于法律的稳定性，应当采用《刑法修正案（九）》的方式在法律中不规定具体的数额，而留给司法解释。而司法解释应当根据实践情况，经常进行数额更新。

（接上页）依法判处三年以上十年以下有期徒刑，并处罚金或者没收财产。受贿数额在十万元以上不满二十万元，具有本解释第一条第三款规定的情形之一的，应当认定为刑法第三百八十三条第一款规定的'其他严重情节'，依法判处三年以上十年以下有期徒刑，并处罚金或者没收财产。"第 3 条规定："贪污或者受贿数额在三百万元以上的，应当认定为刑法第三百八十三条第一款规定的'数额特别巨大'，依法判处十年以上有期徒刑、无期徒刑或者死刑，并处罚金或者没收财产。贪污数额在一百五十万元以上不满三百万元，具有本解释第一条第二款规定的情形之一的，应当认定为刑法第三百八十三条第一款规定的'其他特别严重情节'，依法判处十年以上有期徒刑、无期徒刑或者死刑，并处罚金或者没收财产。受贿数额在一百五十万元以上不满三百万元，具有本解释第一条第三款规定的情形之一的，应当认定为刑法第三百八十三条第一款规定的'其他特别严重情节'，依法判处十年以上有期徒刑、无期徒刑或者死刑，并处罚金或者没收财产。"

其二，以数额大小泾渭分明地划分量刑档次并不合理。与结果犯量刑档次与犯罪后果直接对应相同，数额犯的量刑档次划分与数额大小直接对应。基本不考虑其他情节，直接以数额大小泾渭分明地划分量刑档次是否合理？以信用卡诈骗罪为例，在案件有从轻处罚情节的情况下，如果数额在 9.99 万元，就存在判处 1 年有期徒刑的可能，而在其他情节都相同的情况下，如果数额在 10.01 万元，则必须判处 5 年以上有期徒刑，否则就需走特别减轻处罚这一特别程序。数额相差两百块钱，量刑就是天壤之别。即使将来出台新的司法解释，对其数额进行更新，但是这种以数额为标准进行泾渭分明地量刑档次划分的做法不改变的话，这一问题将仍然存在。尽管有特别减轻处罚的存在，但是其毕竟是特殊制度，不应当成为常态，如果发现应当特别减轻处罚的情况成了常态，则表明应当修改一般规定，使这种情况的例外成为一般。

这种以数额的大小泾渭分明地划分量刑档次的做法存在的问题是显而易见的，相信很多人都意识到了问题的存在，但是，关键问题是是否有更好的替代措施。笔者认为，主要以数额大小来划分量刑档次并没有问题，这一问题的关键在于"泾渭分明"，可行的解决路径是不再"泾渭分明"。我国刑法中规定的量刑档次都是阶梯式的，一个个量刑档次首尾相接，每个量刑档次与相邻的档次之间都有一个明确的点。其关系如图 4.1。笔者认为量刑档次与量刑档次之间应当是交叉的，不应当是泾渭分明的，其关系如图 4.2。

图 4.1　首尾相接图

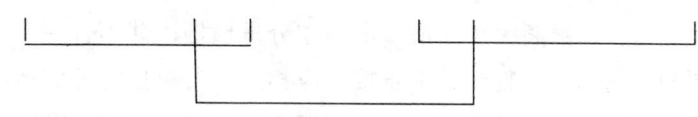

图 4.2 互相交叉图

如此，则既体现了数额在量刑中的影响作用，同时又避免了数额的刻板，给其他量刑情节发挥作用的空间，至于具体量定刑罚的轻重则交给法官综合数额和其他情节自由裁量。如果采用这种方式，笔者收集到的这些信用卡诈骗案件很多都不需要特别减轻处罚了，直接法定刑内量刑就可达到罪责刑相适应。

进一步引申，不光在量刑中存在这个问题，在定罪中同样存在这一问题；不光在金钱数额中存在这一问题，其他与数量直接相关的情况有的也存在这一问题。以危险驾驶罪为例，最高人民法院、最高人民检察院、公安部 2013 年联合出台的《关于办理醉酒驾驶机动车刑事案件适用法律若干问题的意见》第 1 条第 1 款规定："在道路上驾驶机动车，血液酒精含量达到 80 毫克/100 毫升以上的，属于醉酒驾驶机动车，依照刑法第一百三十三条之一第一款的规定，以危险驾驶罪定罪处罚。"由此可见，80 毫克/100 毫升为罪与非罪的标准，罪与非罪完全由血液酒精含量的数量决定。假如最终测定值为 81，则构成危险驾驶罪，而如果数值是 79，就不构成犯罪，仅需行政处罚。数量相差 1 或者 2，后果天壤之别。罪与非罪的区别比量刑档次的高低关系更加重大。而罪与非罪的界限是否就精准到这 1 或 2 个点的数量区别？事实上，血液酒精含量的测定也是有一定误差的，而且随着喝酒人身体对酒精的分解，测定时间的早晚也会直接影响测定结果，并且每个人对酒精的耐受度也是有差异的，一概地以 80 这个点来区分罪与非罪显然是不合理的。

这与前面数额犯的量刑档次划分一样，实践中需要一个定罪的标准，尽管 80 这个点或多或少存在问题，但是在没有更好的替代措施出现之前，只能按照这个标准执行。而解决方法也与上面数额犯的思路基本一致，即定罪的起点不应当是一个点，而应当是一个幅度。比如，对于危险驾驶罪，可以规定："血液酒精含量达到 80 毫克/100 毫升以上的，属于醉酒驾驶机动车。但是数量在 80~100 之间的，根据案件具体情节，也可以不认定为犯罪。"这就给了法官根据案件的综合情况进行判定的自由，用法官的自由裁量权来平衡成文法的刻板。同时，对于裁量权范围内的、检察官与法官认识的不一致，属于正常现象，不应当因为法官的判断与公诉人不一致而对公诉人作出否定性评价。比如酒精含量在 80~100 之间，公诉人认为综合各种情况应当认定为犯罪并提起公诉，而法官认为综合案情不应当认定为犯罪，并判决无罪的，在对公诉人的考核等各种情况下，均不应当认定为错误起诉，不应当进行任何否定性评价。

（三）涉珍贵动物、野生动物及其制品类案件

根据《刑法》第 341 条第 1 款的规定："非法猎捕、杀害国家重点保护的珍贵、濒危野生动物的，或者非法收购、运输、出售国家重点保护的珍贵、濒危野生动物及其制品的，处五年以下有期徒刑或者拘役，并处罚金；情节严重的，处五年以上十年以下有期徒刑，并处罚金；情节特别严重的，处十年以上有期徒刑，并处罚金或者没收财产。"2000 年《最高人民法院关于审理破坏野生动物资源刑事案件具体应用法律若干问题的解释》从数量、种类、金额（包括涉案金额和获利金额）等多方面界定了何为"情节严重""情节特别严重"。根据该解释，非法获利 10 万元以上，或者涉案动物价值 20 万元以上，或者野马 1 只，或者梅花鹿 3 只，或者大壁虎 20 只，均需判处 10 年以

上有期徒刑。该解释施行十几年后，"情节特别严重"的标准就过于严苛了。随着物价的上涨，2000年的10万元与2010年之后的10万元已不可同日而语，而且随着人工繁育技术的进步，对某些珍贵野生动物的驯养和商业利用已成规模，某些野生动物数量已大大增加。2016年，《最高人民法院研究室关于收购、运输、出售部分人工驯养繁殖技术成熟的野生动物适用法律问题的复函》认为，由于驯养繁殖技术的成熟，对有的珍贵、濒危野生动物的驯养繁殖、商业利用在某些地区已成规模，有关野生动物的数量极大增加，收购、运输、出售这些人工驯养繁殖的野生动物实际已无社会危害性。并认为要解决当前的困境，或者尽快启动国家重点保护野生动物名录的修订工作，将一些实际已不再处于濒危状态的动物从名录中及时调整出去，同时将有的已处于濒危状态的动物增列进来；或者在修订后司法解释中明确，对某些经人工驯养繁殖、数量已大大增多的野生动物，附表所列的定罪量刑数量标准，仅适用于真正意义上的野生动物，而不包括驯养繁殖的。根据该复函的精神，实践中很多非法收购、运输、出售国家重点保护的珍贵、濒危野生动物的案件，尤其是涉及人工繁育动物的案件，被在法定刑以下判处刑罚，并报请最高人民法院核准，这类案件在2018、2019、2020年的特别减轻处罚案例中占了极大的比例。

其后，2020年，最高人民法院、最高人民检察院、公安部、司法部《关于依法惩治非法野生动物交易犯罪的指导意见》第9条再一次明确规定，在认定是否构成涉及国家重点保护的野生动物的犯罪以及裁量刑罚时，应当考虑涉案动物是否系人工繁育、物种的濒危程度、野外存活状况、人工繁育情况、是否列入国务院野生动物保护主管部门制定的人工繁育国家重点保护野生动物名录。

2022 年 4 月，最高人民法院、最高人民检察院联合发布《关于办理破坏野生动物资源刑事案件适用法律若干问题的解释》，对破坏野生动物资源相关犯罪的定罪量刑标准进行了调整，并且规定"根据本解释的规定定罪量刑明显过重的，可以根据案件的事实、情节和社会危害程度，依法作出妥当处理。"

某种类型的特别减轻处罚案件的集中，反映了立法或者司法的不足和疏漏。涉珍贵动物、野生动物及其制品类案件的特别减轻处罚在某段时间大量出现反映出立法的滞后。通过观察特别减轻处罚案件，可发现立法问题，并可为法律的修改提供指示。

（四）非法制造、买卖、运输、邮寄、储存枪支、弹药、爆炸物罪

在笔者收集的案例中，这一类案件有 18 件，其中大部分为涉爆炸物案件。

非法储存爆炸物类案件中，很多都是由于生产生活所需而使用爆炸物，但是没有按照规定将爆炸物储存于符合要求的场所，而是图省事非法储存于家中。如闫XX非法采矿案【(2014)汾刑初字第 1 号】中，2007 年 5 月 1 日 18 时许，张 XX（已判刑）因非法开采需要，将被告人闫XX家中存放的（非法开采用剩的）两袋土制炸药共 29 公斤，用一量白色吉普车运往汾西县张家庄村，途中被查扣。经山西省公安厅鉴定，该两袋炸药为含氯酸盐的自制铵油炸药。审判法院认为，"被告人闫XX违反国家有关爆炸物的管理法规，非法储存爆炸物，其行为已构成非法储存爆炸物罪，汾西县人民检察院指控的犯罪成立。闫XX非法储存爆炸物 29 公斤属情节严重，依法应在 10 年有期徒刑以上判处刑

罚。但鉴于其主观恶意小，未造成严重社会危害，归案后认罪态度较好，经审判委员会讨论决定，对其在法定刑以下判处刑罚，逐级报请最高人民法院核准。"〔1〕

我国《刑法》第125条第1款规定："非法制造、买卖、运输、邮寄、储存枪支、弹药、爆炸物的，处三年以上十年以下有期徒刑；情节严重的，处十年以上有期徒刑、无期徒刑或者死刑。"对何为情节严重，刑法没有明确，而是以司法解释为依据。《最高人民法院关于审理非法制造、买卖、运输枪支、弹药、爆炸物等刑事案件具体应用法律若干问题的解释》第1、2条相结合，对非法储存爆炸物罪中的"情节严重"进行了数量限定。〔2〕根据该规定，非法制造、买卖、运输、邮寄、储存炸药、发射药、黑火药5千克以上或者烟火药15千克以上、雷管150枚以上或者

---

〔1〕 "闫XX非法采矿罪一案刑事案"，载 https://www.jufaanli.com/detail/220d3 fc6b4749459d001ff9c36b9b95b/？q＝%E9%9E%E6%B3%95%E9%87%87%E7 %9F%BF%2C%E9%97%AB&src＝search&k＝&lase_search_uuid＝undefi ned&level_id＝2&p＝&search_uuid＝，最后访问日期：2018年6月15日。

〔2〕《最高人民法院关于审理非法制造、买卖、运输枪支、弹药、爆炸物等刑事案件具体应用法律若干问题的解释》第1条规定："个人或者单位非法制造、买卖、运输、邮寄、储存枪支、弹药、爆炸物，具有下列情形之一的，依照刑法第一百二十五条第一款的规定，以非法制造、买卖、运输、邮寄、储存枪支、弹药、爆炸物罪定罪处罚：……（六）非法制造、买卖、运输、邮寄、储存炸药、发射药、黑火药一千克以上或者烟火药三千克以上、雷管三十枚以上或者导火索、导爆索三十米以上的；（七）具有生产爆炸物品资格的单位不按照规定的品种制造，或者具有销售、使用爆炸物品资格的单位超过限额买卖炸药、发射药、黑火药十千克以上或者烟火药三十千克以上、雷管三百枚以上或者导火索、导爆索三百米以上的；……"第2条规定："非法制造、买卖、运输、邮寄、储存枪支、弹药、爆炸物，具有下列情形之一的，属于刑法第一百二十五条第一款规定的'情节严重'：（一）非法制造、买卖、运输、邮寄、储存枪支、弹药、爆炸物的数量达到本解释第一条第（一）、（二）、（三）、（六）、（七）项规定的最低数量标准五倍以上的；……（三）非法制造、买卖、运输、邮寄、储存爆炸装置，危害严重的；（四）达到本解释第一条规定的最低数量标准，并具有造成严重后果等其他恶劣情节的。"

导火索、导爆索 150 米以上的；具有生产爆炸物品资格的单位不按照规定的品种制造，或者具有销售、使用爆炸物品资格的单位超过限额买卖炸药、发射药、黑火药 50 千克以上或者烟火药 150 千克以上、雷管 1500 枚以上或者导火索、导爆索 1500 米以上的，为情节严重，应当在 10 年以上量刑。

笔者搜集到的涉爆炸物的特别减轻处罚案例，基本都是个人为生产、生活使用爆炸物，非法于家中储存，由于生产、生活所需爆炸物往往数量很大，而司法解释规定的情节严重的数量又很低，所以很容易就出现"黑火药超过 5 千克或者导火索、导爆索超过 150 米"的情况。

对于这类案件，虽然尚未造成严重后果，但是由于司法解释规定的数量很低，很容易就达到了情节严重的程度，就需要判处 10 年以上的刑罚，实践中，很多法官、当事人都认为判处 10 年以上刑罚太重，其中一部分案件就采用了特别减轻处罚的做法。

非法储存爆炸物存在的风险确实很大，一旦储存不当引起爆炸、起火，后果将非常严重。尤其是储存于位于居民区的家中，一旦发生事故将可能造成大量的人员伤亡。对爆炸物进行严格管理是应当的，但是单纯因为黑火药数量达到 5 千克或者导火索达到 150 米就判处 10 年以上的刑罚是否太过严苛？无数调研和理论论证都证明刑罚的震慑作用在于刑罚执行的严密而不在于严厉。非法储存爆炸物的行为应当进行处罚，但是动辄 10 年以上的刑罚必要性存疑。笔者建议，尽快更新司法解释，提高非法制造、买卖、运输枪支、弹药、爆炸物案件中情节严重的数量。

第二节　H省高级人民法院调研

　　因为网上查找判决的不精准性，虽然能够反映出诸如案件类型、减轻幅度等方面的特点，但是无法准确确定案件数量。97《刑法》修改特别减轻处罚并要求报最高法核准后，特别减轻处罚案件的数量急剧下降成为共识，但是，具体1年有多少件案件，相关的数据还比较少，尤其是近几年的情况，笔者尚未找到相关的数据。因为能力所限，笔者无法统计全国1年的特别减轻处罚案件，选取了H省高级人民法院进行了调研，统计了2013年~2017年5年内特别减轻处罚案件的情况，以期管中窥豹，能对部分地区的特别减轻处罚案件情况进行较为精准的了解。

一、案例情况一览

表4.5　H省案例一览表

序号	案名	法定量刑幅度	实际量刑	减轻幅度	特别减轻处罚的理由	作出判决的时间、法院层级	报请核准时间——核准作出时间
1	王某某非法制造爆炸物案	情节严重，10年以上	/	/		/	/
2	梁某某非法买卖弹药案	情节严重，主犯，10年以上	3年6个月	65%	目的是日常娱乐（打鸟），主观恶性小；且大部分弹药已被使用，剩余弹药被收缴，尚未造成实际的危害后果；归案后认罪态度好，可以减轻处罚。	2012.4.21 基层法院	— 2012.12.18

续表

序号	案名	法定量刑幅度	实际量刑	减轻幅度	特别减轻处罚的理由	作出判决的时间、法院层级	报请核准时间——核准作出时间
3	张某某故意伤害	故意伤害致人死亡，10年以上	5年	50%	被告人对被害人患心脏病事先并不知情；案发后又赔偿了被害人经济损失5万元。二审补充：被告人的伤害行为只是导致被害人心脏病发作的诱因之一。	2014.3.2 中级法院	
4	周某某故意伤害案	故意伤害致人死亡，10年以上	判3，缓5	70% 并缓刑	被害人系心脏病发作死亡，被告人的殴打行为只是被害人死亡的诱因，被告人不应该对被害人的死亡结果负全部责任（案情：殴打致被害人两根肋骨骨折，轻伤，后被害人回到家中，气愤，心脏病发作死亡）；初犯，归案后认罪、悔罪；系邻里纠纷引发，达成刑事和解。	2013.11.6 基层法院	2014.6.16 - 2014.8.29
5	赵某某非法制造爆炸物案	情节严重，10年以上	判3，缓4	70% 并缓刑	其制造黑火药用于当地习俗打"盘铳"，【一审理由还有：被告人系残疾人（十级伤残），主要依靠从事此习俗活动维持生计】未造成严重的危害后果；认罪、悔罪。	2014.10.13 基层法院	- 2015.7.4
6	唐某某非法制造爆炸物案	情节严重，10年以上	3年	70%	非法制造的黑火药在运输途中被查获，未造成严重危害后果；坦白，认罪悔罪（终审判决理由还有：被告人年事已高，其平时表现和当庭认罪态度均较好，其犯罪行为在当地农村较为常见）（高院核准意见还有：农村有些地区有非法制造爆炸物用于生产、生活的传统，在司法	2013.11.21 中级法院	2015.12.30（终审判决后两年才核准）

序号	案名	法定量刑幅度	实际量刑	减轻幅度	特别减轻处罚的理由	作出判决的时间、法院层级	报请核准时间——核准作出时间
					实践中对类似情况未造成严重后果的，在法定刑以下量刑也较为常见）。		
7	黄某某非法储存爆炸物案	情节严重，10 年以上	4 年 6 个月	55%	主观恶性小，因家庭经济困难，想通过制造烟花爆竹赚钱从而非法储存黑火药；未造成严重后果；坦白。	2015. 10. 15 中级法院	/
8	钟某、尤某非法制造爆炸物案	钟某情节严重，10 年以上；尤某从犯，3 到 10 年	钟某判 3 缓 4，尤某判 2 缓 3	70% 并缓刑；33% 并缓刑	制造爆炸物用于生产，未造成危害后果；认罪态度好。	2016. 5. 27 中级法院	— 2016. 11. 10
9	徐某、徐某某等故意伤害案	徐某情节严重 10 年以上；其他从犯，3 到 10 年	徐某 3 年 6 个月；徐某等均判缓刑	65%；66% 并缓刑	徐某特别减轻处罚，为主犯，被害人有重大过错，犯罪人的行为是被害人死亡的次要原因（被害人心脏病发作死亡）；刑事和解。	2015. 12. 1 基层法院	— 2016. 10. 27
10	王某某非法制造爆炸物案	情节严重，10 年以上	3 年	70%	主犯；制造的爆炸物系用于生产，未造成危害后果；归案后认罪态度好。	2016. 9. 13 基层法院	— 2017. 4. 21
11	王某某非法制造爆炸物案	情节严重，10 年以上	判 3 缓 3	70% 并缓刑	主犯；制造的爆炸物系用于生产，未造成危害后果；归案后认罪态度好。	2016. 9. 12 基层法院	2017. 7. 12 — 2017. 11. 20

序号	案名	法定量刑幅度	实际量刑	减轻幅度	特别减轻处罚的理由	作出判决的时间、法院层级	报请核准时间——核准作出时间
12	唐某某非法制造爆炸物案	情节严重，10年以上	3年	70%	制造的爆炸物系用于生产，未造成危害后果；归案后认罪态度好。	2016.9.13 基层法院	— 2017.4.21
13	张某、苏某、徐某非法储存爆炸物案	情节严重，10年以上	张某判3缓4；苏某、徐某判3缓3	70%并缓刑	非法储存的爆炸物系用于生产，未造成危害后果（用于爆破，剩余爆炸物未按规定归库，非法存于其他人家中）；归案后认罪态度好。	2016.10.28 基层法院	2017.9.12 — 2017.12.21

笔者共收集到案例 13 件，平均每年 2.6 件。一个大省全年只有 2.6 件特别减轻处罚的案件，可见，特别减轻处罚的适用率极其低。据此不准确推算，全国 1 年大概有特别减轻处罚案件不足百件。当然这只是估算。

对这部分调研所得案件，笔者也进行了如网上统计案例相似的分类统计，发现了一些共同的规律。

二、涉嫌轻罪、重罪及减轻幅度统计[1]

表4.6　H省案例涉嫌轻重罪统计表

法定刑轻重	法定刑具体划分	件数	占比（总13件）
轻罪	法定刑3年以下	0	0%

---

[1] 对于一个案子中涉及两名或者两名以上被告人的，该类统计仅统计其中的主犯。

续表

法定刑轻重	法定刑具体划分	件数		占比（总 13 件）	
重罪	法定最低刑 3 年	0	13	0%	100%
	法定最低刑 5 年	0		0%	
	法定最低刑 7 年	0		0%	
	法定最低刑 10 年	13		100%	
	无期徒刑	0		0%	

表 4.7　H 省案例减轻幅度统计表

减轻幅度	件数	占比
少于 1/3	0	0%
1/3～2/3	13	100%
超过 2/3	0	0%

　　涉嫌轻重罪和减轻幅度的统计中，该省的特点更加明显，所有收集到的 13 件案件，法定刑均为 10 年以上，减轻幅度均在 1/3 到 2/3 之间。这种幅度的划分是按照网上案例统计的划分幅度进行的，实质上，该省案例的减轻幅度（主犯）都在 50%～70% 之间。这进一步验证了网上案例统计分析部分得出的结论："特别减轻处罚在严重犯罪中的需求更大。可能的解释是特别减轻处罚的适用条件是在法定刑内的最低刑判处刑罚仍然明显过重时，才考虑适用特别减轻处罚制度……在罪责刑相适应的程度上，只有罪责刑极不适应的时候，才会采用特别减轻处罚来纠正立法与现实的偏差；在罪责刑不太适应，但是程度不太严重时，往往就囿于成文法的规定，保持了这种略微偏差的状态。"

　　进一步思考，我们目前的量刑体系实质上带来了某些罪责刑不太相适应的后果。特别减轻处罚作为一种例外制度，仅在罪责刑极不适应的情形下才发挥作用，而且，囿于目前特别减轻处罚的制度设计，实践中的状况是很多罪责刑极不适应的情形也没有采用特别减轻处罚，而是按照法定刑的范围判处刑罚，保持了罪责刑不相适应的状态。这是不是表明应当极大地扩展特别减轻处罚的适应范围呢？尽管笔者认为我国特别减轻处罚的适用率太低，没有发挥应有的作用，但是，并不认为罪责刑的不相适应状态都应归责于特别减轻处罚作用没有发挥。按照我们的制度设计，所有的犯罪都应当在刑法分则规定的罪名相对应的各个量刑幅度内量刑，只有极其个别的情况，立法没能涵盖时，为防止"刑"明显重于"责"，才设定了特别减轻处罚制度。作为例外的特别减轻处罚制度，本身就应当是一种"例外"，只有在特殊情形下才采用。如果需要频繁地使用这种例外制度，则说明一般规则出了问题，即应当反思我国的量刑规则体系，走向精细化量刑。

　　整个量刑体系的精细化是一项大工程，这不是本书研究的重点，也不是笔者所能完成的。笔者仅就特别减轻处罚案例分析中的所思所想做一简单探讨。其一，应适度扩大法官的量刑裁量权。在79《刑法》之前，没有统一的刑法典，法官素质也普遍偏低，那时候需要做的是建立一套可操作性的规则，统一刑罚的适用。也正因此，79《刑法》规定的"审委会讨论决定就可以特别减轻处罚"给予了法官过大的裁量权，与当时刑法追求的目标不符，导致实践后果不佳。时至今日，我国总体法治化水平和法官素质均大大提高已是不争的事实，就北京地区而言，绝大多数员额法官具有法学本科、硕士以上的学历，经受过多年的法学专业培养。鉴于这种情形，下一步的改革重点是更多地赋予法官自由心证的空间，使法官可以不受各种不当干扰，从法律出发、从自我判断出发，公正地判决案件。相应地，在量刑权上，我们都意识到过于刻板的量刑幅度并不能适应多样的实践需求，刑罚的量定是受多种因素影响的，有法定的、酌定的，有法理的、有情理的，这就需要能够全面掌握、有理有情的人来进行综合判断。下一步的改革，应当逐渐扩大法官在量刑中的自由裁量权范围。[1]其二，改变阶梯式的量刑幅度，改为交叉式，扩大每一个量刑幅度的跨度，从而扩大法官的裁量范围，以平衡成文法、阶梯式量刑幅度的刻板。这在前文已述，不再详说。其三，在某个具体罪名的量刑规定上，从单一式、统一化走向多样化、个别化。目前刑法规定的量刑幅度的变化往往是因为情节严重、情节特别严重，但是司法解释在情节严重和情节特别严重的区分上，往往单一地按照数额、犯罪次数、违法产品的数量等来区分，这是一种简单粗暴的方式，影响量刑的因素是多方面的，而且不同的罪名情况也是不同的，应当由统一的模式走向个别化，针对具体罪名，规定适合该罪名的量刑梯度影响因素。比如故意伤害案件，目前规定的量刑升档的因素主要是造成的后果——重伤、死亡，当然后果是很重要的考量因素，但是除此之外，还应当规定被害人过错、故意伤害的起因、是否为斗殴等情形，进行区别对待。其四，就量刑中的一些特殊情形进行特别规定。在规定各个罪名都适用的规则、针对个罪进行量刑规则设定之外，还要针对该类案件中可能出现的特殊情形进行特别规定，即在个罪的各种

---

〔1〕 "日本法官具有较为宽泛的量刑自由裁量权，比如日本杀人罪量刑下限是5年有期徒刑（第199条），当被告人存在一些值得同情的事由（非法定减轻处罚情节）的话，可以刑期减半，即2年6个月。如果还存在防卫过当、精神障碍等法律上的减轻事由，则可以再次减刑，又减半，即1年3个月。"以上为日本量刑专家城下裕二教授答笔者问的中译文。

量刑幅度中增加考量因素的基础上形成该罪的量刑规则，在该罪的量刑规则之外再规定一些无法被这种一般规则涵盖的特殊情形的量刑。这种特殊情形的具体内容需要在司法实践中逐渐收集，如故意伤害案件中，可单独规定被害人有心脏病、被告人的伤害行为只是被害人死亡诱因的情形的特殊量刑幅度。

三、案件类型统计分析

表4.8　H省案例案件类型统计表

案件类型	案件数量	占比	分项	各项数量	各项占比
故意伤害	3	23.1%	致人死亡，被害人有心脏病	3	23.1%
			重伤，被害人有过错	0	0%
非法制造、买卖、运输、邮寄、储存枪支、弹药、爆炸物罪	10	76.9%	涉爆炸物	9	69.2%
			涉枪支弹药	1	7.7%

在案件类型上，该省的特点也尤其明显，收集到的13件案件中，总共就涉及两个罪名，一是故意伤害案，全部都是故意伤害致死案，且全部都是被害人有心脏病，由于心脏病发作而死亡；二是非法制造、买卖、运输、邮寄、储存枪支、弹药、爆炸物罪，其中又主要是非法制造、储存爆炸物罪，占到了所有案件的69.2%。这可能跟当地的生活习惯有关，以致这类案件的数量较多。

案件类型的特点与网上案例分析案件类型特点具有一致性，也有些许差异，案件类型上这种明显的特征也带来一些启示：

一是对于在特别减轻处罚中占比较高的案件类型，应当反思一般的量刑规则，完善量刑规则或者在一般量刑规则中增加针对这些特殊情形的特别规定；二是对于那些出现的案件数量不多或者虽然数量较多但是还不具备修改一般量刑规则条件的案件，可由最高法专门出台特别减轻处罚参考案例，以案例指导的方式为地方法院适用特别减轻处罚提供参考。

四、核准时间统计分析

97《刑法》规定特别减轻处罚需最高人民法院核准后，我国刑事诉讼法没有规定特别减轻处罚核准的期限问题。2012 年《最高人民法院关于适用〈中华人民共和国刑事诉讼法〉的解释》（以下简称《刑诉法高法解释》）第 340 条针对特别减轻处罚复核和核准的期限问题作出了规定：最高人民法院和上级人民法院复核在法定刑以下判处刑罚案件的审理期限，参照适用《刑事诉讼法》第 232 条的[1]规定。即上级人民法院复核特别减轻处罚案件的期限是"2 个月+2 个月+最高人民法院核准延长"；最高人民法院核准特别减轻处罚案件没有期限。2021 年的《刑诉法高法解释》延续了这一规定。可见，司法解释也仅是限定了上级人民法院复核的时间，对于最高人民法院核准特别减轻处罚的期限仍然没有规定。

同样需要最高人民法院核准的死刑案件也是如此。如此规定，可以给最高人民法院充分的时间去核准，但是不利于案件

---

〔1〕 2012 年《刑事诉讼法》第 232 条规定："第二审人民法院受理上诉、抗诉案件，应当在二个月以内审结。对于可能判处死刑的案件或者附带民事诉讼的案件，以及有本法第一百五十六条规定情形之一的，经省、自治区、直辖市高级人民法院批准或者决定，可以延长二个月；因特殊情况还需要延长的，报请最高人民法院批准。最高人民法院受理上诉、抗诉案件的审理期限，由最高人民法院决定。"

及时结案。比较特别减轻处罚的核准与死刑案件的核准，死刑案件需要慎之又慎，不需要追求"效率"，甚至晚些核准有可能又发现新的证据可以不判死刑，总之晚核准并没有多大坏处。但是，特别减轻处罚案件不同，需要追求"效率"，判后久拖不核，将使被告人长期处于一种不确定的状态中，无法尽快回归正常的生活。并且，由于很多人减轻处罚后的实际刑期比较短，而逐级核准时间又比较长，有法官指出"没有期限规定，上级法院审查核准所需的时间能够得到充分保障，但容易产生久拖不核，甚至等到该判决所确定的刑期早已届满后仍未审核的现象。结果，犯罪人放也不是，不放也不是，造成下级法院在执法上的被动和尴尬。"[1]

鉴于此，笔者对 H 省近 5 年特别减轻处罚案件的核准时间进行了统计。由于案例跨度时间比较长，没有搜集到所有案件的高级人民法院报请最高人民法院核准的申请书，个别案件没有搜集到核准裁定书，绝大部分案件有判决书和核准裁定书，因此，本部分就收集到的案件进行统计分析。

表 4.9 H 省案例核准用时统计表

序号	层报核准总用时[2]	层报的层级数量	平均每个层级用时	最高人民法院核准用时
1	5 个月 27 天（177 天）	三级	1 个月 29 天（59 天）	/

---

[1] 岳龙海、李长龙："简述酌定减轻情节的性质和适用"，载《法学天地》1997 年第 5 期。

[2] 以每个月 30 天计。

续表

序号	层报核准 总用时〔2〕	层报的 层级数量	平均每个 层级用时	最高人民法院 核准用时
2	9 个 月 23 天 （293 天）	三级	3 个月 8 天（98 天）	2 个 月 13 天 （73 天）
3	8 个 月 21 天 （261 天）	三级	2 个 月 27 天 （87 天）	/
4	2 年 1 个月 9 天 （759 天）	三级	8 个 月 13 天 （253 天）	/
5	5 个 月 13 天 （163 天）	二级	2 个 月 22 天 （82 天）	/
6	10 个 月 17 天 （317 天）	三级	3 个 月 16 天 （106 天）	/
7	9个月8天（278 天）	三级	3 个 月 3 天（93 天）	/
8	1 年 2 个月 8 天 （428 天）	三级	4 个 月 23 天 （143 天）	4 个 月 8 天 （128 天）
9	9 个 月 18 天 （288 天）	三级	3个月 6 天（96 天）	/
10	1 年 1 个月 23 天 （413 天）	三级	4 个 月 18 天 （138 天）	3 个 月 9 天 （99 天）

表 4.10 H 省案例层报核准总用时分类统计表

层报核准总时长	件数	占比
少于 1 年	7	70%

续表

层报核准总时长	件数	占比
1 年以上 2 年以下	2	20%
2 年以上 3 年以下	1	10%

表 4.11　H 省案例平均每级复核或核准用时分类统计表

平均每级复核或核准时长	件数	占比
平均用时少于 2 个月	1	10%
平均用时 2~4 个月	6	60%
平均用时 4~6 个月	2	20%
平均用时超过 6 个月	1	10%

由以上三个统计表可以看出:

1. 确如有的学者、实务工作者所担心的,由于法律没有规定核准的时间要求,有的案件层报核准时间比较长。收集到的案例中,有一件案件层报核准总用时超过了 2 年。但是,所占比例较低,绝大部分的案件(70%)层报核准总用时在 1 年之内。就笔者收集到的案件而言,也还未出现"甚至等到该判决所确定的刑期早已届满后仍未审核"的情况。总的来说,层报核准总期限中存在个别核准时间较长的问题,但是,问题并不突出。当然,由于案例总数量较少,不排除层报核准总时间特别长的情况存在。

2. 每一层级复核或核准的平均时长大多在 2~4 个月。每级平均用时在 2~4 个月的案件数量占到了 60%,超过 6 个月和低于 2 个月的案件都只有一件。

3. 最高人民法院的核准时长都在 5 个月以下。由于报请核准的申请书收集到得较少,所以大多数案件没有办法精确统计最高人民法院核准的时长，从收集到的三件案件来看，最高人民法院的核准时长分别为 2 个月、3 个月、4 个月，总体而言时间并不太长。而且，这三件案件最高人民法院的核准时长都短于该案件每个层级的平均用时。

由此，笔者认为：

1. 应当规定复核和核准的期限。正如上文所述，特别减轻处罚案件需要追求"效率"，尽管大部分案件的用时比较合理，但是，由于没有期限的规定，确实可能出现部分案件用时特别长的现象，应当对此进行一定的限制。

2. 应当取消上级人民法院延长复核时间的规定。特别减轻处罚案件的层报核准过程中，大部分案件事实清楚，所需复核的焦点是可否特别减轻处罚的问题，而这是一个法理、情理的适用的过程，并不需要像调查取证那样耗费太多的时间。如果复核中发现案件事实不清，即可驳回，并不需要上级人民法院自己去调查取证。因此，在复核期限的规定上不应当太长。因此，笔者认为，应取消上级人民法院延长复核时间的规定，仅规定：上级人民法院复核特别减轻处罚案件应当在 2 个月内完成。

3. 最高人民法院核准特别减轻处罚案件期限不宜太长。根据上述实证统计分析，笔者认为最高人民法院核准特别减轻处罚案件的期限可规定为 4 个月。

任何法律问题都是价值问题。从法产生之初，就始终伴随着法价值的探讨。有学者认为法学中处处存在价值判断："价值判断是法学研究中绕不开的问题……每一个法律规范的背后都有某种特定的价值判断在发挥着作用，甚至我们有些法律原则本身就是价值判断，比如无罪推定原则、公平正义原则等，所有的这些原则背后都可以追溯到几个元价值。……法律规范就是价值判断的载体。"[1]

对于特别减轻处罚这一几被闲置的法律制度而言，探讨价值尤为重要。首先，价值是该制度应否存在的前提。对于几被闲置的法律制度而言，制度本身是否应当存在就成了首先要探讨的话题，如果一项制度的闲置是因为其本身没有存在的价值，则可将其从我国的法律体系中抹除；如果其存在正面价值，则应当找出制度被闲置的原因，从而设法消除阻碍制度价值发挥的因素。其次，价值的探讨也是制度完善的风向标。价值从来不是一个简单的概念，事物的价值往往是多层次、多方位的，需要对不同的价值进行判断和衡量，从而做出选择和取舍。这种价值选择和取舍的过程就决定了制度发展、运行的方向，也

---

[1] 陈瑞华：《论法学研究方法——法学研究的第三条道路》，北京大学出版社 2009 年版，第 32~33 页。

是制度完善的内在指引。

第一节　价值、价值论的内涵

对于价值一词的词源，马克思曾对哲学词汇的词源做过考证，"他引用的是一本名为《试论哲学词源学》的书。按照这本书的解释，上述语言中的'价值'一词，与古代梵文和拉丁文中'掩盖、保护、加固'这个词的词义有渊源关系。'价值'是在该词义所派生的'尊敬、敬仰、喜爱'的意思上进一步形成的。'价值'的本来含义就是'起掩护和保护作用的，可珍贵的，可尊敬的，可重视的'。"〔1〕由此看出，价值一词从最初的"起掩盖、保护、加固作用的人或物"这种物质的东西，逐渐演化为世界主体的人对这种物质的"尊敬、敬仰、喜爱的情感"，即人对物质世界的意识表达，对某种物的好的、善的评价。我们今天使用的价值一词，仍然延续了这种趋势，只是在具体指代上略有不同，并且使用范围极为宽泛。

汉语字典中对价值一词的界定是：（1）体现在商品里的社会必要劳动。价值量的大小决定于生产这一商品所需的社会必要劳动时间的多少。不经过人类劳动加工的东西，如空气，即使对人们有使用价值，也不具有价值。（2）用途或积极作用，例如，这些资料很有参考价值；粗制滥造的作品毫无价值；探讨人生的价值。〔2〕第一种解释是经济学中使用的价值，是典型的马克思主义经济学的界定。第二种含义是我们日常使用的

---

〔1〕　李德顺：《价值论》，中国人民大学出版社 2007 年版，第 2~3 页。

〔2〕　参见中国社会科学院语言研究所词典编辑室编：《现代汉语词典》，商务印书馆 2005 年版，第 658 页。

"价值"的含义。

价值一词是价值论[1]哲学中的最重要概念之一。价值论，又称为价值哲学。最早提出价值哲学这一名称的是德国新康德主义的弗赖堡学派的创始人文德尔班，他创立了价值哲学。"新康德主义的价值哲学把具有普遍意义的价值作为自己的研究领域，以价值作为最高范畴，认为哲学本质上就是关于一般价值的学说，并且只有作为价值的学说才能存在。"[2]这种观点把价值论作为元哲学来研究，而我们今天所研究的价值哲学是在元哲学指导下的分支哲学，"就内涵来说，价值哲学是研究一般价值问题的哲学分支学科。"[3]

何为"价值"？对于价值的界定有不可定义说、价值兴趣说、属性说、关系说等学说。在价值的内涵上，作者赞同从关系的角度来定义价值。马克思说："'价值'这个普遍的概念是从人们对待满足他们需要的外界物的关系中产生的。"有学者认为"在马克思看来，……所谓价值，就是客体与主体需要之间的一种特定（肯定与否定）关系。"[4]此种观点被总结为关系说，即从"主体——客体"之间的关系角度定义价值。本书中，价值指客体对主体的满足、效用或结果。

特别应当指出的是，价值一词最初为褒义词，指好的、善

---

[1]　价值论是哲学的分支之一，在哲学领域具有重要的地位。哲学学科可以分为三个层次，即：元哲学、分支哲学、应用哲学。元哲学是指哲学基本原理；分支哲学是元哲学下研究不同领域的哲学学科，价值论就是分支哲学之一；应用哲学是元哲学和分支哲学在各个领域的应用，如法价值论就是价值论这一分支哲学在法学领域的具体应用，而酌定减轻处罚价值论又是价值论这一分支哲学具体到酌定减轻处罚中的应用。

[2]　王玉樑：《当代中国价值哲学》，人民出版社2004年版，第2页。

[3]　王玉樑：《当代中国价值哲学》，人民出版社2004年版，第2~3页。

[4]　李连科：《哲学价值论》，中国人民大学出版社1991年版，第62页。

的，然而，随着人们对事物认识的加深，逐渐意识到好和坏总是并生的。一方面，同一事物往往既有好的、善的方面，又有坏的、恶的一面；另一方面，没有坏也就无所谓好，没有恶也就无所谓善。因此，人们开始从辩证的角度认识价值，其不仅包含正面的评价，也包含负面的评价。在哲学上就表现为正价值与负价值。正价值指价值中好的、善的一面，负价值指价值中坏的、恶的一面。

特别减轻处罚的价值，指特别减轻处罚这一客体对人类这一主体的满足、效用和结果，包括特别减轻处罚的正价值和负价值。负价值是法学价值研究中长期被忽视的一个重要概念。我们在制度价值的探讨中，往往专注于其正价值，努力挖掘一切对人类的满足、效用和结果，哪怕其非常微小。然而，事物往往都具有两面，再完美的制度都有其弊端，而我们在褒扬一项制度时却往往有意无意地回避其弊端，只谈正价值避谈负价值。从某种意义上说，负价值的研究更有意义，因为只有认识到负价值的存在，才能更好地改进和完善。特别减轻处罚制度亦然，有其正价值也有负价值，应当在肯定其正价值的同时，对其负价值进行探讨，并在二者之间进行权衡和取舍。

第二节 特别减轻处罚的价值体系

一、价值体系之基本原理

特别减轻处罚的价值具有多元性，各个价值之间存在着包含、并列、交叉等各种关系，组成了一个价值体系。特别减轻处罚的价值体系是指特别减轻处罚的各种价值所组成的系统。研究特别减轻处罚的价值体系具有重要的意义，"一个合格的法律人如果对法的价值的内容及其位阶没有透彻的认识和理解，也就不可能获得所谓的正当法律决定。"[1]

对于价值体系，存在多种观点。严存生教授在《法律的价值》一书中，对价值体系进行了详尽的分析，他将法的价值划分为两个层次，第一个层次为法的总价值，第二个层次是法对个人的价值和法对社会的价值。他认为，法的总价值为：正义、公共幸福、人类进步。法对个人的价值为：安全（人身安全、财产安全）、自由（独立自主、权利、发展）、平等（政治上的平等、经济上的平等）。法对社会的价值为：和平（国内和平、国际和平）、秩序（生产秩序、生活秩序）、文明（物质文明——经济发展、精神文明——科学文化发展和思想道德进步）。[2]乔克裕、黎晓平教授在《法律价值论》一书中指出，鉴于法价值研究尚不完善，对价值体系进行构建难度较高，暂且可对法价值按照不同标准进行分类。按照价值客体承担者或者来源来划分，法律价值可分为法律的规范性价值和法律的社会性价值。按照法律的功能特性来划分，法律价值可分为目的性的法律价值和工具性的法律价值。[3]卓泽渊教授在《法的价值论》一书中认为，无法寻找到或建立起法的严格的价值等级体系，这是因为人们无法将所有的价值准则[4]量度化，价值准则的地位也不是绝对不变的，同时社会也处在不断变化中。但是，同时他也给

---

[1]　舒国滢等：《法学方法论问题研究》，中国政法大学出版社 2007 年版，第 68 页。

[2]　参见严存生：《法律的价值》，陕西人民出版社 1991 年版，第 151~152 页。转引自卓泽渊：《法的价值论》，法律出版社 2006 年版，第 126 页。

[3]　参见乔克裕、黎晓平：《法律价值论》，中国政法大学出版社 1991 年版，第 43~44 页。

[4]　法的价值准则是指构成法的价值体系的各种价值。

出了一个基本的、相对稳定的价值准则体系，认为从法的价值准则相互之间的关系来看，可以分为基础价值准则、最高价值准则和其他价值准则。从法的价值准则的适用范围来看，可以分为国内法的价值准则和国际法的价值准则。[1]

笔者认为，各个价值之间不存在绝对的等级关系，因此无法建立严格的价值等级体系，但是，并不是说价值体系无法划分，可以根据研究的需要，按照特定的划分标准进行划分。具体到特别减轻处罚的价值体系中，笔者认为可以简单地划分为二级体系，即基础价值和直接价值。

二、特别减轻处罚的基础价值

特别减轻处罚的基础价值既是特别减轻处罚追求的最重要的价值，也是整个法律所共同追求的价值。笔者认为，正义是特别减轻处罚的基础价值，特别减轻处罚无疑也是刑法弥补自身缺憾、实现正义的重要手段。

正义是人类社会普遍追求的崇高价值，也是任何法律、司法裁决追求的终极价值与正当性来源，其内涵丰富至极。也恰因此，正义反而难以界定，人们总是从不同角度、不同层面去论证自身或所支持观点的正义性——对个体可能有亏欠，则从集体利益上论证正义，反之亦然；现在看有失妥当，则从未来发展、历史潮流上进行论述……总之，极少有人会承认自身或所支持观点是非正义的。因此，这里抛开纷繁复杂的概念论述，仅从正义在法律领域的初始概念出发进行理解与运用，即古罗马法学家乌尔庇安首创的、著名的正义定义——"正义乃是使每

---

[1] 参见卓泽渊：《法的价值论》，法律出版社 2006 年版，第 132 页。

个人获得其应得的东西的永恒不变的意志"。[1]显然，刑法中最大的正义乃是给予每个触犯刑法的人以应得的刑罚。但何谓应得的刑罚，历来亦难以界定。我们能够确定的是，成文化的刑法典内容本身未必总满足正义的要求，更无法作为实现正义的完美基础。"在任何地方或在任何时候，一个国家的实在法之所以一直是人们所抨击的对象，其理由就是实在法中的一些规定未能符合正义之标准。"[2]虽然人们很难清晰界定正义本身，但对许多情境下的法律条文、刑罚设置、裁决结果，却总能形成较为一致的意见，即它是正义或非正义的。

如何实现刑罚分配上的正义是人类历史上永恒的难题。无论从人类朴素的情感判断出发，还是从报应、预防、矫正的一般刑罚理论出发，我们都容易达成这样的共识，即不同的人即便实施了同样的行为、造成同样的危害后果，对他们科处的刑罚也可能是有所区别的。实施同样的盗窃行为，身有残疾、劳动能力欠缺者与身体健康、劳动能力完整者，初次犯罪者与以盗窃为业者，情感与刑罚上都会给予区别对待。为此，刑法学者发展出了形形色色的理论，论证各种入罪、量刑时应考虑的情节，而立法者与学者们密切合作，希望通过立法技术、理论的完善，使所创制的法律能够包罗万象，在保护与打击、个体权益与社会利益等诸多看似矛盾的概念间取得完美平衡。但这显然是一种虚妄，再高明的立法者、再精深的法学家都不得不承认这一点。对此，会有两种担心：其一，担心放纵犯罪，不能将为恶者均纳入法网施以严惩；其二，担心伤及无辜，对无

---

〔1〕 参见［美］E·博登海默：《法理学 法律哲学与法律方法》，邓正来译，中国政法大学出版社 1999 年版，第 264 页。

〔2〕 参见［美］E·博登海默：《法理学 法律哲学与法律方法》，邓正来译，中国政法大学出版社 1999 年版，第 270 页。

罪者施以刑罚，对罪行轻微者施以重罚。对放纵犯罪的担心，催生了刑事类推与兜底条款。刑事类推的基本出发点在于"法之设文有限，民之犯罪无穷，为法立文不能网罗诸罪，民之所犯不必正与法同，自然有危疑之理。"[1]而其基本原理则如《唐律·名例律》所书"诸断罪无正条，其应出罪者则举重以明轻，其应入罪者则举轻以明重"。而兜底条款的极致，则是《唐律·杂律》规定的"不应得为"，即"诸不应得为而为之者，笞四十。事理重者，杖八十"。其立法理由在于"其有在律在令无有正条，若不轻重相明，无文可以此附。临时处断，量情为罪，庶补遗阙，故立此条"。[2]显然，刑事类推与兜底条款都是出于打击犯罪考虑，重在摆脱条文的束缚和缺陷，进行"入罪"操作，本身与现代法治精神是相悖的，现代刑法基本均已废除刑事类推，存在的部分兜底罪名也面临较大争议，对其适用进行了较为严格的规范。而出于对伤及无辜的担心，应对之一是特别减轻处罚制度，以克服刑法条文的局限，防止对罪行轻微者施以重罚。显然，刑事类推、兜底条款与特别减轻处罚，其诞生的初衷虽都在于克服成文法的局限性，但前二者重打击、轻保护，与现代法治思想相悖，只有特别减轻处罚是合乎法治潮流的，合乎刑罚分配的正义要求的，应给予足够重视。

正义的实现依赖于成文法，但成文法自身的局限性意味着在适用成文法时，需要以正义观念为指导，对成文法的内容进行比较、分析、选择，以最大程度地实现法理、人情的平衡。"如果正义概念被认为就是严格适用实在法，而不考虑实在法的

〔1〕（唐）孔颖达疏，载《左传·昭公六年》，转引自陈兴良：《刑法的价值构造》，中国人民大学出版社 2006 年版，第 459 页。

〔2〕参见陈兴良：《刑法的价值构造》，中国人民大学出版社 2006 年版，第 461 页。

内容，那么这就违反了此一概念的普遍惯用法。"[1]刑法典作为成文法的代表之一，设计特别减轻处罚这样非常规的例外性规定，本身就是为克服细化条文所可能带来的僵化、局部不公等弊病，是为了最大限度实现自身的正义价值而预留的一种调整、修正机制或工具，刑法理论界应从实现刑法正义性的角度，充分阐释特别减轻处罚制度的价值，进而引导实务界积极、善意地运用该制度，实现刑罚分配的正义性。

三、特别减轻处罚的直接价值

特别减轻处罚的直接价值是指特别减轻处罚制度所直接体现的、具象化到刑事法领域的价值。相对于基础价值来说，可以认为直接价值是实现基础价值的手段、方式，也是在刑事部门法，尤其是刑事司法实务中正义价值的最直接表现。笔者认为，特别减轻处罚的直接价值一方面是在立法上矫正罪刑法定原则的不足，另一方面是为司法实践中实现罪刑均衡提供可行的、制度化的手段。

（一）矫正罪刑法定原则的不足

罪刑法定原则是现代刑法的根本原则，但是，其自身也存在不足。罪刑法定诞生之初，是为了反对封建刑法的残暴、限制司法官的罪刑擅断，防止民众对行为结果缺乏预测可能性，因而罪刑法定突出强调基于成文法的处罚的明确性、禁止类推解释和处的适当性。相比于封建刑法与司法，这当然是划时代的进步，但不能忽视的是，罪刑法定原则也将成文法的僵化、

---

[1] 参见［美］E·博登海默：《法理学：法律哲学与法律方法》，邓正来译，中国政法大学出版社 1999 年版，第 270 页。

滞后等不足一并继承、确认。贝卡利亚虽然曾幻想建立一个完美的刑罚阶梯，但事实证明这并不可能，刑法典内容的不完整性早已成为共识："刑法事实上不可能将所有应予刑罚制裁之不法行为，毫无遗漏地加以规范，因为犯罪之实质内涵并非一成不变，而是随着社会状况及价值观，相对地呈现浮动现象。"[1]而这种浮动，意味着刑法典不仅会遗漏打击应予制裁之不法行为，还可能不当打击缺乏社会危害性或社会危害性尚不值得刑罚介入之行为，而对轻微违法行为配以过重的法定刑则更为常见。为此，刑事立法设置了一定的救济制度，典型如刑事诉讼法规定的法定不起诉、酌定不起诉制度，而刑事实体法则有各种减轻处罚的情节，对于没有减轻处罚情节的，则依赖特别减轻处罚制度调节。特别减轻处罚制度是在其他法定措施用尽后仍然无法达到实践要求的最后调整手段。

（二）从整体正义走向个案正义

"法律总是以一种普遍概括的面目出现，而针对某些个案不可能存在能够准确适用案件的普遍概括。"[2]随着网络等媒介的发展，个案的罪刑失衡问题不断被关注，为了促进量刑均衡，有必要在法律规定的框架内进行例外性操作，这就需要从制度上赋予司法者进行例外性操作的规范途径，而这种途径，在刑事实体法上的最典型代表无疑就是特别减轻处罚制度。随着司法经验的积累与立法认识的理性化，罪刑法定逐渐由初期体现绝对规则之治的罪刑法定，发展成为体现相对规则之治的罪刑法定……（规则之治意义上的罪刑法定）存在将"复杂的法律

〔1〕 林山田：《刑法通论》，三民书局1986年版，第14页。
〔2〕 ［法］保罗·利科：《论公正》，程春明译，法律出版社2007年版，前言第1页。

适用过程简单化、难以保证刑事司法裁判实现具体法治与个案正义等负面效应。"[1]

(三) 从机械司法走向情理法融合

"许霆案"的一审判决在网络上引起了轩然大波,究其原因,是该案判决虽然法理上说得通,但情理上却与民众的一般认识差距过大,所谓"于法有据,情理不通",这一方面暴露了立法上的问题,另一方面也暴露了司法者对情理关注的缺失和司法技巧上的不足。而对情理的关注,恰恰是特别减轻处罚制度本身透露出来的信息及蕴含的最大价值,这也是对司法者的更高要求。罪刑均衡实现的难点在于法理与情理的兼顾与平衡,多数情况下,单纯地依法或依情理办案都不是难事,但要将二者结合,则是对司法者的最大考验。特别减轻处罚制度不单是提供了一种在刑罚个别化背景下兼顾法理与人情以实现罪刑均衡的制度化手段,更为关键的是,其本身蕴含的对情理的关注、追求法理与情理平衡的导向,可以有效弥补司法者过于关注法理、忽视情理的刚性司法的惯性与不足,对于司法实践中实现罪刑均衡原则,可能具有更为重要的意义。

四、特别减轻处罚的负价值

特别减轻处罚的负价值主要是其形式上对法秩序的破坏,微观看可能是对刑法规定的具体刑罚制度以及罪刑法定原则的破坏,宏观看则可能因为对司法者放权不当而引起的对整体法治的破坏。但相对于其正面的基础价值与直接价值,所谓负价值是次要的,在制度设计上也是风险可控的。

---

[1] 梁根林:"罪刑法定原则:挑战、重申与重述——刑事影响力案件引发的思考与检讨",载《清华法学》2019 年第 6 期。

作为法律人，基本都认可这样的观念，即"法律绝不能放弃它在一致性方面的努力。我们必须牢记，法律在每一起诉讼案中总是要使至少一方当事人的期望破灭的。要维护其威信，就不能因小失大，而且还要求在公正性方面做出持久且明显的努力，甚至要给败诉方都留下很深刻的印象。……如果法律只是或主要是由个殊性的特定的解决方法构成的，那么它就不能发挥它使社会生活具有某种结构的作用，也不能践履其保障人类应有一定程度的安全、自由和平等的功能。"〔1〕因此，许多法律人对所谓的例外性规定都抱有近似于本能的警惕，这一定程度上也能够解释特别减轻处罚制度作为我国刑法与刑罚制度中的一种典型的例外，为何在我国刑事立法中几经沉浮、刑事法理论对其关注甚少、刑事司法实践中在 97《刑法》修改后基本将其束之高阁。按照一般的论证逻辑，特别减轻处罚作为一种例外性制度，从刑法制度上打破了泾渭相对分明的刑罚阶梯，赋予了司法者超越刑罚阶梯的路径与职权，进而容易造成司法的不公，最终危害整个法治大环境。但是更应该看到，以成文法为代表的一般性规范的先天不足，除了僵化、滞后，一般性规范在规范一般正义的情况下，在个别情况下却可能是非正义的，而随着对局部争议和人权的关注持续升高，社会与法律越来越重视通过例外性规则来调整、实现个别情况下的正义。"每个法律制度都肯定会不时地发现那种高呼冤情的特别难断的案件——如果法官根据规则来裁决这种案件，那么就必然会在良心上产生难以承受的内疚。……我们则不妨采用希腊词 'epieikeia' 或 '个别衡平'（individual eguity）这一词组来称谓这种现象。……

---

〔1〕 参见 ［美］E·博登海默：《法理学：法律哲学与法律方法》，邓正来译，中国政法大学出版社 1999 年版，第 237 页。

尽管需要适用‘epieikeia’的情形并不象人们有时所认为的那么多，但是大多数法律制度还是形成了一些应对这种问题的方法。"[1]而我们明显不应对这种解决个别情况下正义问题的例外性规定有过多的发散性论述，尤其是在当代法治环境下，因为作为一项微观的例外性制度，讨论其价值与作用发挥，离不开对其适用条件、依存的宏观制度乃至法治大环境的考量。"只要给予‘epieikeia’的权力被控制在严格限定的和合理的范围内，而且行使此一权力的程度也不致于有损规范性制度，那么即使在那些并未授予法官以对法律制度进行实质性变革的特权的法律制度中，赋予法官以这样的权力也是安全的和可欲的。"[2]

　　具体到我国的刑罚体系，鉴于刑法渊源的种类繁多，入罪门槛规划存在较多问题，进而导致刑罚阶梯也难言完善，需要"个别衡平"的情况相对更为突出，因而特别减轻处罚这种例外制度的存在具有不可或缺性。而97《刑法》对特别减轻处罚制度在适用上的严格限制，使得该项制度几乎形同虚设，因而，目前的主要矛盾不是特别减轻处罚制度的滥用问题，而是如何激发该制度的活力，使其发挥应有作用的问题。因此，虽然特别减轻处罚制度客观上可能存在破坏法秩序和罪刑法定原则的负面价值，但两相比较，目前应重视发挥其正面价值，激发其活力，而不应因负面价值的可能存在而因噎废食，继续将该制度束之高阁。

---

〔1〕　参见［美］E·博登海默：《法理学：法律哲学与法律方法》，邓正来译，中国政法大学出版社1999年版，第323页。

〔2〕　参见［美］E·博登海默：《法理学：法律哲学与法律方法》，邓正来译，中国政法大学出版社1999年版，第324页。

第三节　特别减轻处罚的价值实现

　　以往价值法学的研究多集中在宏大的价值理念上，但是具体到实践中，如何实现正义才是需要解决的问题，因此，价值法学的研究更应当关注实现价值的方法。"自上个世纪 90 年代以来，法律解释学之研究在法学界得以蓬勃兴起。我国的法学正在经历从宏大叙事到微观论证的研究转换。以立法为中心的研究视角正在逐渐为以司法为中心的研究取向所超越。而法律方法论之研究取向跟法治秩序之建构甚相契合。学者们日愈意识到，应该超越对法治价值及其必要性的呼唤，对法治的研究进入到如何操作的阶段。"〔1〕因此，要关注价值实现问题，价值实现是与价值体系并列甚至更重要的问题。有学者指出"如果我们只从理论上考察的话，或许我们能够明白'正义'诸价值为何物，但是如果我们从实践来看的话，我们就必须从方法上寻找'正义'诸价值的定位和发展向度。这正是近代以来法学发展的方向和旨趣。"〔2〕"我们应当把价值问题当作一个客观的法律现象，用社会科学的方法对其分布、形态、状况和冲突加以研究。……切忌在研究中轻易得出应然的结论，这种判断的随意性和主观性太强，而客观性和科学性不足。……一定要考

　　〔1〕　陈金钊、焦宝乾：《法律方法论研究综述——法律方法》，山东人民出版社 2005 年版。转引自李亮："法治缘何迈向方法论时代——基于法律方法论学术报告的考察（2002—2010）"，载《时代法学》2011 年第 3 期。
　　〔2〕　彭中礼："迈向方法论时代的价值法学——以实现社会公平正义为视角的分析"，载《时代法学》2011 年第 3 期。

虑价值研究的可操作性问题。"[1]

对特别减轻处罚价值的研究，最终目的还是为了实现这些价值，因此，与特别减轻处罚的价值体系并重的就是特别减轻处罚价值的实现，即特别减轻处罚的应然价值的实然化，特别减轻处罚所应当具有的各种价值通过实践得以实现，并满足人们对特别减轻处罚的价值期许。

特别减轻处罚的价值实现离不开实践。我们所说的特别减轻处罚矫正罪刑法定原则、实现个案正义价值等都是它的应然价值，这些价值只有通过实践才能转化为实然价值，也才能满足人们的需求。应然价值本身是不完整的，只有通过价值实现，转化为实然价值，也才具有"价值"。特别减轻处罚的价值实现离不开实践，这里的实践主要包括"立法"和"司法"。

一、立法

我国是一个成文法国家，法律的推行必然离不开"立法"，一项法律制度的实施、法律价值的实现，需要靠立法来确立其"合法地位"、保证其实行。特别减轻处罚的价值实现，首先要通过立法来确立特别减轻处罚制度的合法地位，并对相应的实体、程序、配套制度作出规定。立法的确立是价值合法化、最大化实现的基础。因此，要研究特别减轻处罚的价值实现，必须研究如何对特别减轻处罚进行立法，而研究如何立法，就必须研究特别减轻处罚的适用范围、适用条件、具体程序以及相应的配套制度，从而保证特别减轻处罚制度的实施。

---

〔1〕　陈瑞华：《论法学研究方法——法学研究的第三条道路》，北京大学出版社 2009 年版，第 33 页。

（一）立法程序的科学性

历史一再证明，立法程序的科学与否，直接决定着立法成果即成文法的科学与否，或者说是成败。如前所述，79《刑法》与97《刑法》对特别减轻处罚的规定都表现得较为匆忙，均是在立法出台当年出现了较大幅度的变动，而这种匆忙性显然难言科学合理，是任何立法中都应竭力避免的。因为匆忙的立法意味着立法本身缺乏对社会实际情况的充分了解，更没有经过实践的检验，如此创造的成文法内容，很难准确反映、解决现实性问题，难免失之片面。要保证立法程序的科学性，首先是科学确定立法目的，明确立法的价值取向；其次要保证充分了解现实问题，科学预见立法后可能面临的问题，因而，应重视试点实践性立法的价值。

1. 科学确立立法目的。确立立法目的，也即确立立法的价值取向与方向，这是立法的宏观问题，也是立法首先要解决的大问题。确立立法目的之后，便应围绕如何实现该立法目的而进行制度设计，可以在制度内容等微观层面出现争论、反复，而不应在立法目的的宏观层面上再出现反复。就特别减轻处罚制度而言，首先应确立的是应该保留还是废除该制度。其次，在保留的前提下，是鼓励该制度的应用，还是限缩该制度的应用。最后，如果要鼓励应用该制度，那么如何设计制度才能在防止权力滥用的前提下，赋予司法者以更大的职权与裁量空间。

2. 重视实践性立法。这里的实践性立法，一方面在于关注实践情况、了解实践问题、倾听实践声音，另一方面在于重视采取前期试点、后期总结推广的试点立法方法，以提前暴露法律通过后可能存在的问题，进而完善法律。

一般的刑事立法，在人大代表、立法官员之外，重视的是学者与高级司法官、事业成功的律师的声音，而缺乏来自基层或一线司法官、一般律师乃至普通民众的声音，这直接导致对实践问题的了解可能失之宽泛。而这种对基层或实践意见的倾听，不单是反映在立法讨论稿的征求意见上，更重要的是要经过实践的检验。为避免像79《刑法》、97《刑法》对特别减轻处罚制度在立法当年匆忙作出重大调整的情况再次发生，应重视先期试点的立法模式，近年来刑事速裁程序、认罪认罚从宽制度的出台，都是由全国人大常委会授权两高进行两年期的试点，进而将试点经验推开，这种立法模式不仅便于发现实践中的问题，更使司法机关与一般民众对该制度提前有了基本的了解，为立法后制度的全面推开打下了基础。实践证明，这种实践性立法模式是成功的，值得总结推广。

（二）具体制度设计的科学性

要使制度设计科学合理，既要着眼于制度本身，进行严谨的设计、精雕细琢，又要放眼于制度之外，以系统化、体系化思维，结合社会环境、司法责任制等大环境进行全方位思考。

1. 系统化思维。特别减轻处罚制度的核心在于如何平衡扩大司法裁量权以兼顾个案正义与保证监督、遏制司法腐败这一对看似矛盾的价值取向。而作为刑法中赋予司法官以例外性权力的刑罚制度，对特别减轻处罚的探讨与制度设计，不应脱离民众法治诉求、司法改革进程等整体社会环境，也即需要具备系统化思维。

法治发展至今，尤其在互联网、自媒体背景下，普通民众对刑事司法的诉求，越来越注重个案中的罪刑均衡，赋予司法官以实现个案罪刑均衡的例外性权力，并培养司法官根据朴素正义情感追求、实现个案罪刑均衡的思维与理念，是刑事法治在现阶段的重要需求。同时，近年来以员额制改革为代表的一系列司法责任制改革，将司法责任明晰化、个体化，司法官面对的错案追究、个案考核的现实压力与日俱增，司法官滥用权力的风险日益增大，而滥用权力的空间日益压缩，滥用权力的主观意愿与可能性也进一步降低，司法官们规避风险的意识日益增强，倾向于常规化、平庸化行使权力，考虑到追责、考核、当事人闹访缠诉等因素，司法官们满足于依原则行事、裁判，缺乏追求个案平衡的进取精神，这一现象越来越应引起重视。但事实上，由于目前司法官队伍的主体都是法学院的毕业生，专业素养日益提高，甚至可以说处于改革开放以来的最高水平，在此背景下，如何激发司法官们积极用权、追求个案正义的积极性、能动性，是刑事立法过程中不得不考虑的因素。

2. 精细化思维。这种精细化，乃是对特别减轻处罚制度本身进行细致考察、科学设计，即如何设定更为科学、合理的制度，以尽量在实现个案正义的前提下，保证司法官不敢滥用权力。

为了弥补成文法的不足以实现个案正义，"古罗马人便授予他们的皇帝以不受法律约束的广泛特权。一旦皇帝（或作为其顾问的法学家）认为适用某一成文规则或其他规则会导致一种不适当的或不公正的结果时，他就有权在审理这一特殊案件时宣布该规则无效。根据教会法，大主教亦可行使同样的免除适用法律的权力。在美国的法律制度下，法官在某些情形中享有'平衡各种衡平原则'的自由裁量权。"[1]可以说，理智的立法者均会赋予司法者在某些情形中打破一般规则而追求个案正义

---

〔1〕〔美〕E·博登海默：《法理学：法律哲学与法律方法》，邓正来译，中国政法大学出版社1999年版，第323页。

的权力，差别在于这种例外性权力的大小和其行使需要经历的程序、经受外在监督上的差异，而这些就需要精细化的设计。具体来看：

第一，权力大小的精细化设计。就特别减轻处罚制度而言，核心是在个别情形下，给予主观恶性不大、社会危害性较小、不应当科处法定重刑但又没有法定减轻处罚情节的被告人以减轻处罚。那么，一方面可以对这种个别情形进行相对具体或原则性的规定，另一方面，则可以明确减轻处罚的幅度，哪怕是原则性规定也是有益的，比如可以减少几个刑种，还是不受刑种限制？是否可以判处分则中没有规定的总则刑种，即是否可在分则法定刑的最低刑种以外判处刑罚？

第二，权力行使程序的精细化设计。某种程度上而言，对权力行使程序的设计最为简单，但要设计出"量体裁衣"的合适程序则并不容易，比如，97《刑法》从程序上要求特别减轻处罚必须由最高人民法院核准，明显是程序设计太严，脱离实际，导致特别减轻处罚制度被虚置；而如新中国成立之初的刑法草案中规定仅在判决书中说理即可，将此权力完全赋予法官，又失之过泛，可能导致权力滥用，进而损坏刑罚体系，从根本上危及罪刑法定原则。因此这里程序设计的核心，便是在对司法官的放权、限权中间寻找平衡，以避免出现制度虚化或被滥用的不利局面。

第三，权力监督的精细化设计。这种监督，既有当事人、当事方通过上诉、抗诉的外在监督，也有内部考核、评查等进行的内部监督。监督的内容一是确立评价标准，即给予特别减轻处罚在程序上、幅度上是否适当，二是确立责任承担机制，即法官错误给予特别减轻处罚之后应当承担何种责任。当然，就责任承担机制而言，可以不属于刑事立法的范畴，交由司法机关内部考核机制即可。

二、司法

立法中规定了特别减轻处罚只是特别减轻处罚价值实现的基础，要真正实现其价值，还需要通过"司法"来完成。司法实践中，将成文法的规定应用于具体案件，才能实现成文法所追求的价值。此处要解决的核心问题是特别减轻处罚的法律规定如何在司法实践中被恰当适用。而这恰恰是目前特别减轻处罚制度最大的痛点：司法官在遇到相关情况时，不愿意使用特别减轻处罚制度。特别减轻处罚制度严重依赖于司法官，主要是法官的自由裁量。不使用特别减轻处罚，即在法定刑范围内量刑，可能不合理，但是绝对不违法。从这个层面上讲，特别减轻处罚制度立足于使法律更完美、更人性化，而不是仅仅促成一部完整的法规。特别减轻处罚制度追求的是"合法、合理、合情"中的"合理、合情"。这就使特别减轻处罚制度的启用不具有硬性约束机制。只有该制度被启用，其价值才能实现，而欲使该制度被启用：

第一，需要法官内心愿意使用该制度。就目前司法实践而言，法官内心对该制度的使用并不积极。立法过程与司法过程并不是并列的两个过程，二者之间应当进行互动。特别减轻处罚的立法与立法完善应当关切特别减轻处罚制度的启用问题，关注"学院思维"与"实践思维"的区别。笔者在调研中发现，对于相同的案件，实践思维的检察官法官与学院思维的学者选择了截然不同的解决办法。对于在法定刑范围内量最低刑还是过重的，实践思维的检察官选择其他罪名从而规避量刑过重的问题；学院思维则不理解此做法，认为这一问题很简单，法律早就提供了答案：用特别减轻处罚，从而避免量刑过重的问题，使得最终量刑与我们对案件结果的期许相符。检察官对此做法的回答是："实践中不会有检察官、法官想用特别减轻处罚来处理此类问题，至少就我工作的 10 年时间内，没有遇到一例特别减轻处罚的情况。"[1]因此，立法过程中需考虑法律的适用问题，需要更多的实践调研、实验、试点。法律的建立与完善应当是实践的过程，而不是思考与理论推理的过程。因此，立法时应当采用实践试点先行——根据实践情况调整方案——再试点——再立法的模式，这个过程中尤其要注意一线司法官的感受和意见，而不应当是以理论推导进行立法。

第二，应建立评价机制，对正确、合理使用特别减轻处罚的给予正面评价，对应当适用而未适用的严重行为进行负面评价。其一，司法政策对司法过程影响巨大，我国很多改革都采取的是"自上而下"的推广模式。鼓励合法、合理地适用特别减轻处罚的司法政策将会对特别减轻处罚的适用起到巨大的推动作用。而评价机制本身就是鼓励特别减轻处罚适用的司法政策的体现。其二，对司法官的考核是一个隐形的指挥棒，可对司法官的司法行为起到引导作用。建立特别减轻处罚制度的评价机制，可鼓励公诉人正确适用罪名并积极提出特别减轻处罚的量刑建议，鼓励法官在量刑时追求最佳的罪责刑相适应状态，不回避特别减轻处罚的适用。

第三，应建立特别减轻处罚案件数据库。在适用成文法的过程中，需要对法律进行解释，而法律解释的过程包含了司法

---

〔1〕 上述探讨，来源于北京市海淀区李刚检察官在中国政法大学作讲座的讨论环节。

人员个人的价值判断。德国浪漫主义诗人诺瓦里斯曾说过："一切认识、知识可溯源于比较。"〔1〕

英美法系传统上以普通法为法律的主要渊源，司法过程中遵循"先例"原则，法官根据以往的相似判决来判案。但是，判案过程中，不可避免地遇到以前没有的情况，新的判决也就同时成为新的"判例"，成为以后判决的依据，所以，法官司法的过程，同时也是立法的过程。但是，在近代，两大法系互相影响，互相吸收、借鉴，在英美法系国家，成文法的数量不断增加，成为十分重要的法律渊源。梅利曼指出："美国一个典型的州所具有的生效法规不会少于任何一个典型的欧洲或拉丁美洲国家的法规。"〔2〕在如此大量的成文法的情况下，法官在判案过程中，如何处理成文法与判例的关系，如何对待成文法？是否可以像只遵照判例判案过程中那样，超越以前的判例，从一个新的角度判案，从而制造新的判例？英美法具有遵照先例的传统，"英国人注重实际的经验主义和从案件到案件循序渐进的习惯"〔3〕，尽管成文法的增多加强了法律适用的统一性，但是，在一些疑难问题、无法直接适用明显的法律条文时，他们倾向于认为成文法这种预先规定某种做法，从而等待实践中这种情况出现的做法不全面也不可信，如果他们通过判例找到的解决方法在成文法中能够得到解释，则是最好的结果，如果无法得

〔1〕［德］K. 茨格威特、H. 克茨：《比较法总论》，潘汉典等译，法律出版社2003年版，德文第二版序言。转引自舒国滢等：《法学方法论问题研究》，中国政法大学出版社2007年版，第175页。

〔2〕［美］约翰·亨利·梅利曼：《大陆法系》，顾培东、禄正平译，法律出版社2004年版，第26页。转引自舒国滢等：《法学方法论问题研究》，中国政法大学出版社2007年版，第202页。

〔3〕舒国滢等：《法学方法论问题研究》，中国政法大学出版社2007年版，第203页。

到成文法的支持，则他们仍然相信判例的权威性。因此，在司法过程中，适用成文法时，法官更多地采用目的解释的方法，成文法处于辅助地位。

　　大陆法系是传统的成文法系国家，具有代表性的德国、法国都是成文法国家，具有依照成文法判案的传统。《查士丁尼法典》中曾规定："案件应在法律基础上而不是在判例基础上进行判决。"[1]在成文法国家，追求建立完美的成文法律，力图使法律兼具稳定性、前瞻性和适应性，倾向于认为完美的法律能够解释生活中出现的所有问题，在法官判决案件的过程中，努力地从法律条文中寻找判决的依据成为必经的途径和近乎唯一的办法。"制定法的文字是维护法律安定性的基础。安定性是法律的重要价值之一。"[2]"它本身就是正义的一部分。"[3]出于"兼具稳定性、前瞻性和适应性"的考虑，德国民法典的名称一直冠以 1896 年的名称，尽管这个过程中已经进行过几百次的修改，已经面目全非。又由于"完美"似乎永远无法达到，我们一直走在朝向完美的路途中，这也就决定了成文法的不断修改。尽管目前的法律并不完美，修改也永无停歇，但是，法官明确修改法律是立法者的事情，法官要做的是遵照法律的规定判案，因此，法官在判决的过程中，必须从已有的成文法中寻找依据。即使有时候，由于法律修改的滞后，遵照现有的法律规定判决略

---

　　〔1〕　舒国滢等：《法学方法论问题研究》，中国政法大学出版社 2007 年版，第 217 页。

　　〔2〕　舒国滢等：《法学方法论问题研究》，中国政法大学出版社 2007 年版，第 381 页。

　　〔3〕　〔德〕古斯塔夫·拉德布鲁赫：《法律智慧警句集》，舒国滢译，中国法制出版社 2001 年版，第 18 页。转引自舒国滢等：《法学方法论问题研究》，中国政法大学出版社 2007 年版，第 381 页。

显不公，但是，法官仍然会从成文法中寻找各种支持其判决的理由。正如有学者言："大陆法系存在着对法典的强烈崇拜。"[1]但是，实际上，法官在适用成文法的过程中首先要对成文法进行解释，而"制定法解释是一个完全的彻底的价值权衡过程……对法律解释的探讨也正是对法律解释背后各种价值的探讨。"[2]

由此可见，无论是在判例法国家还是"强烈崇拜"法典的大陆法系国家，法律解释不是完全的成文法的附庸，在法律价值的实现上具有独立的作为。我国是成文法国家，司法过程中以成文法为依据，但是通过扩大、缩小、目的等各种解释方法来对法律进行调整，可以更好地实现法律的价值。同时，我国也在摸索扩大判例的作用，探索具有中国特色的案例指导制度，进一步加大司法的作用。最高人民法院发布了一些指导性案例，但是，最高人民法院发布的指导性案例遵循少而精的原则，特别减轻处罚案件本身数量就不多，入选指导案例的数量就更少了。并且，特别减轻处罚案件的特点就是不符合一般规律，案件具有特殊性、多样性，这就需要尽量收集多的案例。笔者仅统计了部分的案例，就从中发现了很多的规律，其中某几类的案件占比较高，试想，如果我是裁判法官，遇到"故意伤害致死案件，被害人有心脏病，伤害行为只是被害人心脏病发的诱因"这样的案件，在已有很多这类案件采用特别减轻处罚降低刑罚的情况下，我可能就会更有动力走特别减轻处罚程序。一来这样的案件很多都得到了最高人民法院的核准，我可以预期被核准的可能性很高，不用担心不被核准从而对个人造成负面

---

〔1〕 舒国滢等：《法学方法论问题研究》，中国政法大学出版社 2007 年版，第 202 页。

〔2〕 舒国滢等：《法学方法论问题研究》，中国政法大学出版社 2007 年版，第 379~380 页。

的评价；二来其他法官对这类案件采取特别减轻处罚的做法更加坚定了我本人特别减轻处罚的判断。有学者认为："案例指导最重要的作用在于两方面，一是明确将刑法第六十三条第二款的适用范围扩大到一般刑事案件；二是肯定对实践中已有的'特殊情况'的认识。"[1]笔者认为，建立特别减轻处罚数据库也能实现此功能，并且作用还将更加突出，对于促进特别减轻处罚案件的适用具有重要作用。

另外，从例外原理分析，特别减轻处罚案件作为例外案件，可以反映出一般规定的不足，对于促进一般规定的完善具有推动作用。笔者在实践论部分就通过对收集到的这部分案件的统计分析，发现了我国刑法规定中存在的一些问题，也据此提出了完善建议。但是，笔者的建议还是比较粗浅，收集到的案例也不全面。如果能够建立特别减轻处罚案件数据库，可以分析其中的一些共同性特点，从而更加详细地提出我国刑法规定的完善建议，为最高人民法院出台司法解释提供一种新的参考。

---

〔1〕 窦云鸽、肖江峰："法定刑以下处刑核准制度的改革与完善"，载《河北工业大学学报（社会科学版）》2014年第4期。

第六章

特别减轻处罚实体论

该章命名为"特别减轻处罚实体论"是与第七章"特别减轻处罚程序论"相对应的，特别减轻处罚制度的两个核心问题就是实体上的启用条件和程序上的核准程序，这两章将分别探讨这些问题。

第一节　特别减轻处罚之例外视角[1]

一般与例外的平衡是法学研究与法律应用的永恒主题。法学研究以法律规则在适用上的一致性为追求，却不得不面对包罗万象的客观现实，并求诸例外来堵塞疏漏、完善体系。我国刑法中存在着大量的例外规定，然而，"例外"却很少引起学者和立法者的关注。事实上，不光是特别减轻处罚的例外角度，整个法学界对例外的研究都非常欠缺，忽视了这样一个认识法律规则的重要角度。"例外"并不是一个成熟的法学专门术语，因此，在探讨例外视角之前，首先要界定清楚我们所研究的例

---

[1]　笔者曾对刑事法中的例外进行专门的研究，涉及例外的界定、例外应当遵守的规则，及以此规则审视我国刑事诉讼法中的相关规定，并以例外理论为指导对我国刑事诉讼法的进一步完善提出建议。本书部分的写作基于之前的研究并进一步扩展了刑法中，尤其是特别减轻处罚中的相关问题。相关内容可参阅程绍燕："刑事诉讼中的例外规定初论"，载《当代法学》2018 年第 3 期。

外的内涵和外延。

一、例外的内涵

例外的字面含义是"在一般的规律、规定之外，在一般的规律、规定之外的情况。"〔1〕其近义词是"破例"，反义词是"一律"。具体到法学领域中，主要在如下几个层面上使用例外：

1. 国家的例外状态。例外状态最初源于罗马法中的悬法，即"法的停顿、悬置"。当罗马共和国面临战争、暴动或内战等危机时，元老院会发布元老院终极咨议，并由此号召执政官或行省执政官，有时也包括裁判官与护民官，在极端的情况中甚至会包括所有的公民，采取他们认为拯救国家所需的任何必要手段来捍卫国家的安全。〔2〕现代意义上的国家例外状态就是在特殊情况下，预防性地宣告一种例外状态，悬置法律，并实施有法律效力的特殊法令。如 2001 年 9 月 14 日美国总统宣布进入例外状态。"对外悬置国际法，对内宣告永久的例外状态，并悬置了许多美国宪法中保障基本人权的法律，并进一步通过阿富汗与伊拉克战争延续这种例外状态。"〔3〕

2. 法哲学上的施密特例外政治法学。施密特以例外为特征的政治法学是在与凯尔森以常规为特征的实证主义法学的论证中建立起来的。什么是常规？实证主义法学者认为"'常规'一词是指自然科学规律在人文社会科学的对应表述，是人

---

〔1〕　中国社会科学院语言研究所词典编辑室编：《现代汉语词典》，商务印书馆 2005 版，第 842 页。

〔2〕　参见刘颜玲："'例外状态'发展简史——兼论阿甘本例外状态的常规化进程"，载《湖南社会科学》2012 年第 3 期。

〔3〕　刘颜玲："'例外状态'发展简史——兼论阿甘本例外状态的常规化进程"，载《湖南社会科学》2012 年第 3 期。

文社会科学获得科学性的依据。……人类行为的不断重复性，行为之间因果关系的稳定性，是法律产生的基础。所以，没有'可重复性'，就没有'常规'，就没有以'常规'为基础的各种法律。'不断重复'是'常规'最为核心的特征。"[1] 而施米特认为"例外解释常规及其自身，如果人们想正确地研究常规，就只好先找到真正的例外。例外比常规更清楚地揭示一切。无休止地谈论常规已经令人厌倦，世界上存在着例外。如果它们无法得到解释，那么常规也无法得到解释。这个难题常常没有引起重视，因为常规不是以情感去思考而是以令人舒适的浅薄去思考。但是，例外却是以强烈的情感来思考常规"[2]。在施米特看来"例外"不仅仅是与"常规"并列的存在，更是比"常规"更加基础的概念，"例外"在解释力上要优先于"常规"。

3. 法律适用上的例外指引。即某些特殊情况下，通常的法律规范不再适用，而是适用其他的法律规范。如有学者指出例外条款也称除外条款，替代条款，是指特殊情况下，通常的冲突规范所指引的法律不予适用，而适用其他的法律来裁决涉外案件。这一"其他法律"一般是与案件有更密切联系的法。之所以规定例外条款是因为单纯依据"法律关系本座说"指引的法律过于僵硬，追求的是形式正义，虽然适用的法律一般情况下是合理的，但无法顾及案件的特殊性，所以为了实现法律的灵活性而规定了例外条款，但根据例外条款适用的法律又不能毫

---

[1] 尹晓兵："'例外'与'常规'的争执——施米特与凯尔森法哲学比较研究"，载《海南大学学报（人文社会科学版）》2013 年第 3 期。

[2] 参见［德］卡尔·施米特：《政治的神学》，刘宗坤译，上海人民出版社 2003 年版，第 14 页。

无约束，这一参照系就是适用与案件有更密切联系的法。[1]在其他法律中也广泛存在这种情况，最为直观的表述就是"适用某某法律的规定"。如针对刑事附带民事诉讼中的财产保全措施，《刑事诉讼法》第102条规定"人民法院采取保全措施，适用民事诉讼法的有关规定"。

4. 部门法中的例外条款。即在立法中规定了一般的规则，同时规定了不适用此规则的情形，即为例外。例如《中华人民共和国宪法》第34条规定："中华人民共和国年满十八周岁的公民，不分民族、种族、性别、职业、家庭出身、宗教信仰、教育程度、财产状况、居住期限，都有选举权和被选举权；但是依照法律被剥夺政治权利的人除外。"其中一般规定为中华人民共和国年满18周岁的公民都有选举权和被选举权，而"依照法律被剥夺政治权利的人除外"即为例外。再如《刑法》第4条规定："对任何人犯罪，在适用法律上一律平等。不允许任何人有超越法律的特权。"同时第18条又规定了："精神病人在不能辨认或者不能控制自己行为的时候造成危害结果，经法定程序鉴定确认的，不负刑事责任……尚未完全丧失辨认或者控制自己行为能力的精神病人犯罪的，应当负刑事责任，但是可以从轻或者减轻处罚。"

由此可见，在法学领域中，例外有四种截然不同的含义，适用于四种情况迥异的领域：第一种例外更多的是一种政治学意义上的概念，指的是国家的一种特殊状态。第二种例外是一种法哲学思维方式，是以例外为起点和重点的研究范式。第三种例外是一种立法技术，以此引入其他更加适宜的法律的适用，

---

[1]　参见曲波："《比利时国际私法典》例外条款立法评析及其启示"，载《东北师大学报（哲社会科学版）》2010年第6期。

对于此种意义上的例外，国际法学者研究较多，在刑事诉讼领域中意义不大，学术性的研究也未见。第四种例外更接近于例外的字面含义，指的是具体的法律规则中，在规定一般适用的规则的同时规定了不适用一般规定的情形。

本书所说的例外，就是在"部门法中的例外条款"意义上的例外。此种层面的例外，具有如下特点：

第一，例外是对一般规定的突破。成文法国家的法律适用遵循逻辑推理规则，一般思路是"大前提-小前提-结论"，采取从一般到特别的思维逻辑。这就要求首先要有法律规则，其次分析法律行为，最终得出结论。然而，社会生活不是数学计算，而是缤纷多彩，变幻万千的，不可一概而论。这就产生了绝大多数情况下可适用的一般规定和特殊情况下得以弥补不足的例外。如果法律行为具有特殊性，且这种特殊性达到一定的程度，以至于一般规定无法涵盖，则有了设置例外必要。从这个意义上讲，例外是扩大一般规定适用范围的手段，有了一般与例外的结合，才能尽可能地涵盖社会生活、法律行为的方方面面，不致使法律在适用中捉襟见肘。

第二，例外是对立法目的的实现。例外与一般是相克又相生的一对概念，尽管例外是对一般的突破，但是二者的法律目的是一致的，致力于相同的立法目的。与一般相同，例外也是对立法目的的具体阐释，不能违反立法目的。在这一点上，例外与一般一致，二者相辅相成，共同完成对立法目的的具体实现。因此，没有例外的一般无法全面实现立法目的，在这一层面而言，例外是实现立法目的的必不可少的一部分。

第三，例外是对自然法精神的契合。格劳秀斯认为："法律是理性的体现，自然法是真正理性的命令，是一切行为善恶的标准。"〔1〕例外表面上是对一般的突破，而实质上其与一般目的一致，是一体两面，其与一般规定都是法律的重要组成部分，都需遵循共同的自然法精神，违背自然法精神的例外是非正当的例外。

这种例外大量存在，是部门法中不可或缺的重要组成部分，但是我们往往习惯于其存在，很少有人去深思此种例外背后的法理、情理逻辑。

二、刑法中对例外的研究及特别减轻处罚之例外界定

然而，学界对"部门法中的例外条款"意义上的例外研究甚少，笔者仅找到两篇相关文章，均发表于 20 年前：一是刑法学的一篇文章，名为"刑法例外规律及其他"，作者为储槐植教授，发表于《中外法学》1990 年第 1 期；二是法理学的一篇文章，名为"法律例外逻辑例外和事实例外"，作者为李振江教授，发表于《河南大学学报（社会科学版）》1993 年第 3 期。可以说，刑法学是最早开始关注本书意义上的例外的学科之一，"刑法例外规律及其他"一文开篇即指出"'例外'就是在一般规律或认定之外。'规律'是事物内部的本质联系和发展的必然趋势，具有普遍的不断重复出现的特点。一般说来，例外和规律是两个对立的概念。然而近代刑法规范的例外，不分国界，不断出现，长期存在，使刑法实际处于不断改革之中，从而推动刑法本身的发展。从宏观时、空上看，刑法中的例外是一种普遍现象。既然如此，它就必定具有某种规律性的特点，本文

---

〔1〕　参见［荷］格劳秀斯：《战争与和平法》，何勤华等译，上海人民出版社 2005 年版，第 32 页。

称之为'例外规律'。这是一个尚未开发的课题，有探讨的必要。"[1]文章开首即指出了例外的出现和存在推动了刑法本身的发展、例外本身遵循某种规律、例外是一个尚未开发而应当进行开发的课题。文章共分为三大部分，约有 8000 字。第一部分指出刑法例外现象普遍存在，并从罪刑关系、犯罪论、刑罚论三个方面对刑法中的例外现象进行了概括与总结。第二部分题为"'例外规律'基本含义"，指出"个别例外的出现都具有偶然性。所谓例外规律，是指例外规范作为普遍现象其所包含的内部本质联系和发展必然趋势，具体有两方面内容：例外规范源于国家需要；例外规范趋向两极转化。"[2]第三部分题为"例外规定探讨的启示：研究刑法哲学"，是从对例外的关注引出的对刑法研究范式的思考，指出解释刑法的价值及其弊端，强调了刑法哲学这一研究范式的重要意义。

20 年前，刑法学界即有关于"例外"的如此深入的思考，然而遗憾的是，尽管之后的刑法学研究日益繁荣，却再无人关注"例外"之视角。实质上，例外一直存在于我们的刑法理论研究之中。近些年来，刑事实体法理论发展的很大一个方面就是学派之争，有四要件说与三阶层论的争论，有行为无价值论和结果无价值论之争。学派之争尽管尚没有权威统一的结果，然而学派之争推动了刑事实体法理论的进步却是不可否认的。与学派之争相伴随的是例外之批判，从一定层面上说，学派之争就是例外的攻防。例外是一个学派不完美之表征，同时却又是无法完全去除的。每一学派都不会完美至极，都会遇到自身理论无法解释之处，而唯一的出路就是例外，但是，这一例外

---

[1] 储槐植："刑法例外规律及其他"，载《中外法学》1990 年第 1 期。
[2] 储槐植："刑法例外规律及其他"，载《中外法学》1990 年第 1 期。

同时就会成为对手学派攻击之抓手。因此，每一个学派都在努力消除或至少是规范例外，以使自身学派更加完善。由此可见，例外是一个重要的研究视角，然而却未引起刑法学界的足够重视。

具体到本书的研究主题，特别减轻处罚制度就是刑法中一个典型的例外。刑法的一般量刑规则是依照法律规定、在法律规定范围科处刑罚，具体而言，按照法律规定和犯罪构成确定罪名后，根据法定和酌定量刑情节在法定的量刑幅度内，当存在法定的减轻处罚情节时减轻一个幅度科处刑罚。对于定罪和量刑，法律都规定了尽量详细的规则，只需要根据案情按照规则对号入座。然而，由于此种量刑方式可能无法涵盖某些特殊情况，因此在一般规定之外，还有例外的量刑规定，即在某些特殊情况下，当按照一般的量刑规则得出的结果不尽合理时，应当突破一般规则，按照特殊的量刑规则进行量刑。即"根据案件的特殊情况，经最高人民法院核准"，可以在法定刑以下判处刑罚。

特别减轻处罚作为一种例外，应当符合例外的一般规则。笔者曾撰文分析例外的生成规则和发展规则，认为例外具有适用条件明确具体、设立具有必要性、设立具有合目的性等生成规则，同时例外还具有与一般可以相互转化、例外的消亡等发展规则。就特别减轻处罚的实体条件而言，其也应当符合例外的"适用条件明确具体"规则。

第二节　特别减轻处罚的适用情形

现行刑法中特别减轻处罚制度的虚置，一方面是因为程序复杂，需要层报最高人民法院核准；另一方面是因为对其规定过于模糊，尤其是没有适用、启动情形的具体甚至是原则性规定，完全交给法官的裁量权，使法官面临过大压力与风险，这客观上也使得法官不愿应用特别减轻处罚。因此，对特别减轻处罚制度的适用情形进行精细探讨，进而在立法或司法解释上作出相对细致的规定，不仅对于完善该制度本身具有重要意义，对于该制度在司法实践中实际发挥作用更具有重要作用。

一、适用条件具体明确规则

"虽然例外的现象不能普遍化，但只要例外具有合理的根据，就允许有超出原则的例外。"[1]那么这一"合理的根据"到底是什么？例外的设置要遵循何种规则？例外首先应当符合适用条件明确、具体的规则，尤其是内容更为抽象、思辨的实体法更应如此。从例外的产生过程来看，例外是对一般规定的突破，因为具有了某种特殊情况，导致一般无法涵盖，才需要设定例外来弥补。所以，例外的设定首先必须具有特殊情况，且这种特殊情况应当明确，从而限定例外的启用。一般而言，如果特殊情况的范围模糊不清或过于宽泛，将导致例外的启用过于随意、频繁，从而使得例外"普遍化"，而架空了一般规定。这一点在特别减轻处罚制度的发展上展现得淋漓尽致。

79《刑法》第59条第2款规定："犯罪分子虽然不具有本法规定的减轻处罚情节，如果根据案件的具体情况，判处法定刑的最低刑还是过重的，经人民法院审判委员会决定，也可以在法定刑以下判处刑罚。"其所规定的特别减轻处罚的实体条件

---

〔1〕 参见张明楷："犯罪构成理论的课题"，载《环球法律评论》2003年第3期。

是"根据案件的具体情况，判处法定最低刑还是过重"，程序条件是"经人民法院审判委员会决定"。可以说，其实体条件并不清晰，相对宽泛，赋予了基层法官较大的裁量空间；而程序条件虽然明确，但门槛相对较低，向本院审委会提请研究的启动成本不高，在主管院长认可的情况下，本院审委会程序上也很难对刑庭提出的特别减轻处罚建议进行有效的监督和制约。尤其考虑到二十世纪八九十年代的时代背景，无论是从教育背景、专业素养、制度建设还是程序意识上看，基层法官及基层法院恐怕都尚未做好恰当行使特别减轻处罚权的准备，导致实践中特别减轻处罚数量很大，"启用过于随意、频繁"，有"例外普遍化、架空一般规定"之嫌。

　　立法者在制定 97《刑法》时显然认识到 79《刑法》中"特别减轻处罚"制度在实践中的应用乱象与问题，力图对该例外加大限制。遗憾的是，立法者似乎并未认识到实体法中例外设定必须的"具体明确"规则，实体条件更为抽象、宽泛，即"犯罪分子虽然不具有本法规定的减轻处罚情节，但是根据案件的特殊情况……也可以在法定刑以下判处刑罚"。内容比 79《刑法》规定更为减省。显然，这里是从程序条件上对特别减轻处罚的应用进行限制，即将 79《刑法》中"经人民法院审判委员会决定"的程序条件，收紧为"经最高人民法院核准"。在实体条件更为模糊的情况下，将本来可以由基层法院直接行使的权力陡然从程序上限制为经最高人民法院核准，基本上断绝了基层法院和法官启动、运用该制度的可能。实践也充分证明，这样过高的监督条件使特别减轻处罚从一个极端走到了另一个极端，不可避免地出现了制度被虚置的情况。

　　客观来看，无论是 79《刑法》还是 97《刑法》，在特别减轻处罚制度的规定上都难言成功。97《刑法》对 79《刑法》在实践中表现出的权力滥用问题进行了反思，但却以监督乃至限制该项权力的行使为思路，最终走向另一个极端，使特别减轻处罚制度的积极价值难以发挥。究其原因，在于立法者过于重视程序条件的限制作用，而忽视了实体条件的"具体明确"性规则，忽视了实体上"具体明确"对于规范权力运行的指示乃至限制作用。可能会有人质疑，要去"具体明确"地界定"缤纷社会现实导致的一般所无法涵盖的特殊情况"，尤其是在实体法领域，这本身就是不现实的，甚至是一个悖论。这道出了部分真理，因为在人文社科领域，绝大多数情况下"具体明确"只能是相对的，在抽象、思辨的实体法领域更是如此，但这并不能否定相关努力的积极价值，甚至可以说，朝向"具体明确"方向的努力与尝试正是人文学科前进的动力乃至方向。同理，特别减轻处罚制度的适用条件，当然这里重点指的是其实体条件，也应当向具体、明确发展，从而加强制度运用的明确性、指导性，在激发制度活力的同时，为外界监督创造条件，从而防止权力滥用。具体思路则是借鉴已有的刑事法律、司法解释的成果，结合司法实践，对应启动特别减轻处罚制度的各种情形进行总结、归纳，给出相对具体、指向更为明确的多个条件。

二、特别减轻处罚适用情形的原则性规定

特别减轻处罚属于我国宽严相济刑事政策中贯彻从宽政策的一项具体制度，要对其适用情形进行具体明确化尝试，可以借鉴宽严相济刑事政策和已有各种司法解释的有关内容。以2010 年最高人民法院发布的《关于贯彻宽严相济刑事政策的若干意见》为例，其第一部分"贯彻宽严相济刑事政策的总体要

求"，明确了该刑事政策的目的是"罚当其罪，打击和孤立极少数，教育、感化和挽救大多数，最大限度地减少社会对立面，促进社会和谐稳定，维护国家长治久安"。而梳理其第三部分"准确把握和正确适用依法从'宽'的政策要求"部分，在自首、立功、未成年人等法定量刑情节或特殊身份之外，从宽处理对应的主要关键词和情节有："主观恶性不深、人身危险性较小、有悔改表现、不致再危害社会""初犯、偶犯""犯罪的动机、目的、手段、情节、后果和犯罪时的主观心态""因恋爱、婚姻、家庭、邻里纠纷等民间矛盾激化引发的犯罪，因劳动纠纷、管理失当等原因引发、犯罪动机不属恶劣的犯罪，因被害方过错或者基于义愤引发的或者具有防卫因素的突发性犯罪""案发后对被害人积极进行赔偿，并认罪、悔罪的"。对上述内容进行归纳梳理，结合司法实践情况，基本可以对特别减轻处罚制度的适用原则乃至情形进行相对明确的描述，进而使 97《刑法》第 63 条中"根据案件的特殊情况"这一高度概括、抽象的实体条件更为明确具体。这里尝试对实体条件的适用原则做如下描述：犯罪分子虽然不具有刑法规定的减轻处罚情节，但是由于其主观恶性、人身危险性较小，判处法定刑的最低刑还是难以实现罪刑相适应原则要求的，也可以在法定刑以下判处刑罚。

（一）主观恶性、人身危险性较小

对行为人科处刑罚的主要依据是行为的社会危害性、行为人的主观恶性与人身危险性，而特别减轻处罚制度首先关注的是刑罚与行为人的主观恶性和人身危险性的匹配。虽然一般而言，需要适用特别减轻处罚的行为的社会危害性也较小，但这不应是该制度适用的主要情形，因为该制度是在法理之外寻求情理上的平衡，不排除存在行为社会危害性较大但行为人主观恶性、人身危险性较小的情况存在，且该制度毕竟不是对犯罪分子作非犯罪化处理，而是追求更轻缓的刑罚，因此，不必强调行为的社会危害性。比如，2015 年 12 月 31 日人民网报道的一则真实案例"老父'大义灭亲'杀死吸毒儿子 村民联名上'求情书'"，主要内容为：住在广州南沙区的陈老伯，其二儿子陈树吸毒十余年，并染上艾滋，常年逼迫陈老伯给钱买毒品，不给就打砸抢、持刀威胁，还威胁身边的亲戚和周围的群众邻里，成为社区严重的不稳定因素。陈老伯在多次报警、上访仍不能对二儿子陈树进行有效控制后，最终亲手杀死二儿子，并向公安机关主动投案，对犯罪事实始终供认不讳。消息传出后，周围群众"无不拍手称快，高声叫好，赞其'大义灭亲、为民除害'"，全村村民都在陈老伯的求情书上签名按指印，南沙区南沙街道办南北台居委会也向广州中院出具了求情书。最终，广州市中院一审以故意杀人罪判处陈老伯有期徒刑 3 年，缓刑 4 年。该案中，陈老伯具有自首的法定减轻处罚情节，不必适用特别减轻处罚制度，广州中院直接对其减轻处罚，判三缓四，但如果陈老伯没有自首情节，是他人发现报警后被民警在家中抓获的，那对陈老伯显然也不应判处 10 年以上刑期，可以适用特别减轻处罚制度对其减轻处罚。可见，社会危害性大小并非特别减轻处罚制度启动、适用的主要因素，关键在于行为人的主观恶性和人身危险性。

笔者认为，主观恶性、人身危险性大小是特别减轻处罚制度适用时应考虑的主要因素，其余的诸如动机、目的、手段、犯罪时的主观心态、事后的赔偿和解、是否因民间矛盾引发等，都是为了说明主观恶性、人身危险性大小，是判断、衡量主观恶性、人身危险性大小的具体指标，且各指标形成一个系统，应注意综合运用、判断，以全面、客观反映主观恶性、人身危险性大小。同时，可以对这些指标进行进一步的梳理分类：如按照犯罪行为发生发展的纵向过程，可以分为行为着手前指标（或者简称为行为前指标，如动机、目的、是否民间矛盾纠纷引发等）、行为实施过程中指标（或者简称为行为中指标，如手段）、行为完毕后指标（或者简称为行为后指标，如认罪悔罪、赔偿和解）；再比如对各指标的内容进行横向分析评价，分为积极指标、消极指标与中性指标——积极指标是反映行为人主观恶性、人身危险性小的指标，消极指标是反映主观恶性、人身危险性大的指标，中性指标是介于前两者之间的指标，在具体案件中根据案情确定各指标权重，进行综合比较分析。这样，同样的情节，在不同案件、不同犯罪嫌疑人中可能被归入不同的积极、消极甚至中立指标中，例如：未赔偿和解的情节，一般应是消极指标，但如果因为被害人要求赔偿额过高或者嫌疑人确实有心无力，则可以评价为中立指标；同样是赔偿和解情节，作为积极指标，如果行为人手段恶劣、认罪悔罪态度差，则其所占的权重应该小于在行为人手段不恶劣、认罪悔罪态度好的案件中所占的权重。

（二）从轻处罚仍然难以达到罪责刑相适应要求

从轻处罚只能在法定刑的限度内判处刑罚，但若按法定刑的最低限度判处刑罚仍然刑罚过高，与人民群众的朴素正义观念和法律人的良知有差距的，便可以考虑适用特别减轻处罚制度。如前文所述"天津大妈摆射击摊获刑"案，其非法持有枪支6支，超过法定刑升档的5支的标准，此时依法最低也应判处3年有期徒刑，但是根据其人身危险性较低，判处3年有期徒刑仍然过重，此时则可以考虑适用特别减轻处罚制度，在法定刑 3 年有期徒刑以下判处刑罚。依法从轻处罚仍难以满足罪刑相适应原则的要求，是成文刑法典中不可避免的例外情况，前文已多有论述，后文也将对其具体可能的情形进行进一步探讨。

（三）鼓励适用，追求个案罪刑均衡

作为适用的指导原则，可以通过司法解释、内部规范性文件的形式进一步明确鼓励司法官积极适用特别减轻处罚制度，以追求、实现个案罪刑均衡。特别减轻处罚制度的正面价值之一在于引导司法官树立积极追求个案罪刑均衡的司法意识与法治理念，以矫正实践中常见的机械式执法现象，从而鼓励司法官积极运用手中的裁量权去追求、实现罪刑均衡。只有这样才能适应刑罚个别化的趋势和民众对个案罪刑均衡的现实要求。

特别减轻处罚制度对司法者的司法理念、职业素养、正义观、同情心等要求较高，且与法律适用、事实认定等相对容易考量的司法活动相比，是否启动、适用特别减轻处罚制度难以考核、衡量，但往往在网络上爆料后却能引起较大反响。如果说 79《刑法》对特别减轻处罚制度的规定失之过宽，赋予法官的权力过大，与当时的司法官队伍整体素质有待提高的现实不相适应，那么，现行《刑法》对特别减轻处罚制度则失之过严，对法官的权力限制过甚，导致司法官难以启动适用这一制度。事实上，与程序限制过严相对的，是特别减轻处罚制度几乎被司法解释和内部会议纪要等各种司法机关规范性文件所遗忘，没有被提及，这进一步导致实务中的司法官没有适用这一制度的动力、想法。无罪判决在司法实践中本就稀少，但比无罪判决还稀少的司法活动，恐怕就只有启动特别减轻处罚制度了。

事实上，即便程序限制严苛，但如果有司法解释和最高人民法院、最高人民检察院的规范性文件鼓励适用特别减轻处罚制度，并明确启动该制度、层报最高人民法院核准的一系列程序，即便程序复杂、耗时较长，但只要让司法官认识到该制度是实现罪刑均衡的可能途径，相信适用特别减轻处罚制度的情况还是会有效增加。因此，无论是否对特别减轻处罚制度的内容、启动程序做出修改，为了不致使该制度继续沉睡，应通过司法解释、其他规范性文件的行使，鼓励司法官适用该制度，以追求个案中的罪刑均衡。

三、特别减轻处罚的具体适用情形

在基本明确特别减轻处罚制度适用原则的前提下，进一步研究探讨特别减轻处罚制度应在何种情形下适用，也是必要的，这对于提醒司法官及时启动特别减轻处罚程序具有重要意义。笔者认为，特别减轻处罚制度应主要适用于以下几种情形：

（一）入罪门槛低、法定刑重导致罪刑不相适应

此种情形较为常见，主要是由于我国刑法分则罪状规定过于原则，入罪标准主要依赖于立法后颁布的司法解释乃至行政法规、行业标准，渊源庞杂，造成入罪门槛的降低，进而导致规制的行为可能与立法时设想针对的严重情形存在较大出入，从而出现罪刑失衡。比如前述非法持有枪支罪的入罪门槛，实际上是由《公安机关涉案枪支弹药性能鉴定工作规定》确定的枪支的认定标准决定的，而目前看，该规定认定气体压缩动力枪支的标准明显过低，在"天津大妈摆射击摊获刑"案后，在社会上引发了广泛的关注与争议。

因此，遇到此种情况，基层司法官应适用包括特别减轻处

罚在内的各种宽缓化处理的权力与制度，一定程度上纠正立法
上的瑕疵，实现个案的公正。

（二）法定刑升档门槛低导致罪刑不相适应

我国刑法分则的许多罪名都规定了法定刑升档的情节，即
加重处罚情节，常见的如主刑为 3 年以上 10 年以下有期徒刑、
加重为 10 年以上有期徒刑。但是，由于现实生活中情况千差万
别，有些行为虽然客观上符合法定刑升档的情形，但行为人的
主观恶性和人身危险性都较低，与升档后的法定刑失衡严重。
比如，抢劫罪中的入户抢劫、多次抢劫，直接处 10 年以上有期
徒刑、无期徒刑或者死刑，如果是典型的入户抢劫和多次抢劫，
处以 10 年以上的重刑当然没有问题，但实践中经常出现非典型
的入户抢劫、多次抢劫，常见多发于年纪 20 岁左右、社会经验不
丰富，刚踏入社会或刚进入城市的农村青年人中，例如[1]：

案例一：甲男 21 岁，去某连排出租房看望朋友，偶然发现
某出租房的门没有锁，屋内没有人，便溜门入室盗窃室内手机，
结果恰被上厕所回来的被害人堵在房间内，被害人上前抓甲，
甲给了被害人一拳，然后携带手机夺门而逃，则甲构成抢劫罪，
且属于入户抢劫，至少应判处 10 年有期徒刑。对于初犯、偶犯
的甲构成抢劫罪并无争议，判处甲三四年有期徒刑也并无不妥，
但一旦认定其属于入户抢劫，面临 10 年有期徒刑，则让人怀疑
甲的主观恶性、客观的社会危害性是否应该面临如此重的刑罚？
因此不少学者认为入户抢劫的法定刑也过重，必要时应当减轻
处罚。[2]

---

〔1〕 案例由海淀区人民检察院李刚检察官提供。
〔2〕 参见张明楷：《刑法学》，法律出版社 2016 年版，第 581 页。

　　案例二：乙男 19 岁，进城打工，因未找到工作，衣食无着，决定拦路抢劫。乙未携带凶器，选择在路边阴暗处，向过往的单身女性要钱或手机，具体方式主要是言语威胁，有过一次从背后勒脖子，最终作案四起，劫得财物现金合计 300 余元。乙构成抢劫罪，且属于多次抢劫，面临至少 10 年有期徒刑的刑罚制裁。乙到案后深刻认罪悔罪，在庭审过程中其父母从边远地区的农村老家来到法庭，跪求法官能够从轻处理，但由于乙没有法定减轻处罚情节，法官虽然认为判处 10 年有期徒刑过重，但最终只能判处其 10 年有期徒刑。

　　再如，实践论部分探讨过的数额犯、非法储存爆炸物罪，都存在着升档标准过低的问题。

　　上述两个案例及之前对数额犯、非法储存爆炸物罪的探讨可以较为形象地说明由于法定刑升档门槛低或设置不合理导致的罪刑不相适应问题，对此，司法官一般也都深有感触，应当积极寻求通过特别减轻处罚制度，实现个案中的罪刑均衡。

　　（三）其他因素介入致法定刑升档，导致罪刑不相适应

　　在实践论部分，经对目前实践中特别减轻处罚案件进行分析，发现在特别减轻处罚的案件类型中，数量最多的是故意伤害案件。其中最多的是故意伤害致死案件，而其中绝大多数都是因为被害人有心脏病，犯罪人并不知道被害人有心脏病，犯罪行为与被害人死亡之间有因果关系，但是心脏病发作是被害人死亡的重要原因。由于被害人死亡，法定刑升档，需要在 10 年以上判处刑罚。但是，此类案件中犯罪人的主观恶性并不大，判处 10 年以上刑罚显然过重。因此，部分这样的案件就采用了特别减轻处罚的方式降低刑罚。

该类案件因为严重的犯罪后果而导致法定刑升档，但是严重的犯罪后果是由于介入因素共同导致的，而犯罪人本身人身危险性并不大，因此，应当采用特别减轻处罚的方式以达到罪责刑相适应。

（四）法律规定滞后，犯罪数额的规定与司法实践脱节，导致罪刑不相适应

在实践论部分，笔者将贪污、贿赂、挪用公款、诈骗、虚开增值税发票、盗窃这几类量刑档次与犯罪数额直接相关的案件归于数额犯一类。这类案件在目前特别减轻处罚案件中数量仅次于故意伤害案件，占到了 23.8%。

笔者在实践论部分对此类案件进行了分析，提出由于立法的稳定性和滞后性，早年法律及司法解释规定的数额在当时可能是合适的，但是随着我国经济水平的快速提高和公民收入和物价的上涨，以及人民币的不断贬值，这个数额的规定会显得越来越严苛；以数额大小泾渭分明地划分量刑档次并不合理。

在立法模式不变的情况下，由于法律的稳定性与滞后性，总是会出现犯罪数额标准与司法实践要求不符的情况，这就需要特别减轻处罚制度发挥作用。

（五）因索要"人情债"犯罪而导致的罪刑不相适应

如赌债这样的非法的债权债务，法律虽然不予保护，但刑法出于谦抑性考虑，可以作为排除非法占有目的的事由，予以一定程度上的认可。如 2005 年最高人民法院《关于审理抢劫、抢夺刑事案件适用法律若干问题的意见》规定："行为人仅以其所输赌资或所赢赌债为抢劫对象，一般不以抢劫罪定罪处罚。构成其他犯罪的，依照刑法的相关规定处罚。"而 2000 年《最高人民法院关于对为索取法律不予保护的债务非法拘禁他人行

为如何定罪问题的解释》也明确规定：行为人为索取高利贷、赌债等法律不予保护的债务，非法扣押、拘禁他人的，依照《刑法》第238条（非法拘禁罪）的规定定罪处罚。相关规定显然是有法理和社会情理基础的，索取高利贷、赌债等法律不予保护的债务，与普通的侵财类犯罪不同，债务的内容虽然违法，但债务的形成形式仍是债务双方在自愿基础上达成的，则债权方基于该债务向债务方主张债权，确实不宜直接给予刑事制裁，如果索债的手段行为构成非法拘禁等其他犯罪，以其他罪名予以惩处则是恰当的。但是，司法实践中常见的引发犯罪的另外一种债务情形——人情债，刑事法律却未予以认可，也导致实践中出现很多罪刑不相适应的案例。

中国人历来重视人情，其中有糟粕的内容，比如可能衍生出的各种潜规则，乃至权钱交易，但这些并不单纯是人情关系的问题。许多"人情"是老百姓都认可的，甚至是一种社会规则，老百姓一般也不愿"欠人情"，避免欠下人情债。比如甲帮乙推荐到某公司工作，则民众都会认为乙欠了甲的人情，乙有了人情债，至于偿还的方式，可能是言语上的感谢，也可能是一顿答谢宴，甚至不排除是财物上的心意表示；再比如丙男在婚外与年龄相差较大的年轻丁女维持两性关系，导致丁女怀孕，但在丙男的要求下，丁女做了引产手术，之后，丙男又未兑现承诺，不愿与丁女结婚，将丁女抛弃，此时老百姓一般也会认为，丙男与丁女形成了人情债，丙男应当对丁女以一定形式进行补偿。类似的许多人情债都是一般民众普遍认可的，并切实指导乃至维系着人际的交往规则，但是法律和司法解释事实上从未予以认可。实践中便经常出现这样的案例：前述甲因自己给乙推荐找到了工作，但乙之后未有哪怕是只言片语的感谢，更未兑现之前要请甲吃饭的承诺，甲心生怨恨，某日酒后找到乙，向乙索要 1000 元作为给乙找工作的答谢，但乙称没钱，甲遂动手打了乙，并带着乙去乙的家中将乙的笔记本电脑拿走，让乙之后拿着 1000 元去换；而前述丁女，被丙男抛弃后，因觉得自己被丙男玩弄了几年，且流产，便向丙男索要青春损失费 50 万元，并以到丙男家中、单位乃至互联网上公布二人关系相要挟。这两个案件中，一般认为甲犯了抢劫罪，甚至是入户抢劫，面临 3 年以上乃至 10 年以上的刑罚；而丁女则构成敲诈勒索罪，且数额特别巨大，面临 10 年有期徒刑以上的刑罚。但这样的处理结果，虽然符合法律规定，但却从情理上让一般民众难以接受。

对比赌债、高利贷等一般民众深恶痛绝的非法债务，刑法予以一定程度上的认可，那么，对于普通民众接受、认可的人情债，刑法上为何不进行某种程度上的认可呢？诚然，与赌债、高利贷不同，人情债的问题在于其数额难以衡量把控，但是，人情债是否存在是容易判断的，只要刑法给予人情债一定程度上的认可，则可以通过规定一定的处理原则来指导司法实践，使普通民众的正义观与裁决结果相契合。如规定：对于因人情债而索取数额较大财物的，一般不宜认定构成侵财类犯罪，其手段行为单独构成非法拘禁、故意伤害等非侵财类犯罪的，单独以其他罪名处理。在法律未规定的情况下，则应当采用特别减轻处罚制度实现罪刑均衡。对于因人情债而采取敲诈勒索、诈骗等非法方式索取数额巨大财物的，可以认定构成侵财类犯罪，但一般应酌予减轻处罚。此时，应适用特别减轻处罚制度。这样，如前述丁女向丙男勒索 50 万元，可以适用特别减轻处罚制度，在 10 年以下刑期量刑，特别减轻处罚制度也可以在实践中发挥更广泛、更切实的作用。

第三节　特别减轻处罚的减轻幅度问题

一、减轻幅度问题的发展脉络

97 年《刑法》第 63 条第 1 款规定："犯罪分子具有本法规定的减轻处罚情节的，应当在法定刑以下判处刑罚。"由于法律规定得不够具体，理论界和司法实践中对何为"法定刑以下"存在分歧。

一是对"法定刑"的理解。

1. 就减轻处罚制度中的"法定刑"而言，学术界存在"法定最低刑说"和"法定最高刑说"两种学说。持"法定最低刑说"的学者认为：减轻处罚应该与从轻处罚相区别，从轻处罚是指在法定刑的限度以内判处较轻的刑罚，而减轻处罚，应该在法定刑以下判处刑罚，本条（97《刑法》第 63 条第 1 款）的法定刑被一致理解为法定最低刑，所以减轻处罚是在法定最低刑以下处罚。[1]目前，"法定最低刑说"在我国刑法理论中居于通说的地位。持"法定最高刑说"的学者认为，由于对法定刑的理解本身包含着两种可能，因此，无论是将其理解为"法定最低刑"还是"法定最高刑"都不违反法定刑的一般语意。并且，在将法定刑理解为"法定最高刑"的情况下，由于我国刑法分则中没有法定最高刑为管制的立法例，因此就不可能出现对管制如何减轻的难题。[2]

---

〔1〕　参见张波："减轻处罚的含义新探"，载《北京航空航天大学学报（社会科学版）》2004 年第 3 期。

〔2〕　参见张波："减轻处罚之'法定刑'含义新探"，载《法治论丛》2003 年第 6 期。

2. "法定刑"究竟应理解为某个罪名的全部法定刑还是应理解为某罪法定刑中的一个具体刑罚幅度。目前看学术界基本达成一致，应该是某罪法定刑对应的具体刑罚幅度。

二是减轻的幅度问题。

就减轻处罚的幅度而言，学术界也存在"严格限制说"、"无限制说"和"折中说"之争。持"严格限制说"的学者认为，为防止轻纵犯罪和严格限制法官的自由裁量权，应当对减轻处罚的适用予以严格限制，即只能在法定刑的下一格判处刑罚。[1] 持"无限制说"的学者指出，不应限制减轻处罚的适用幅度，可以在法定刑以下的一格、两格、三格处刑，甚至可以免除处罚。[2] 而持"折中说"的学者提出："减轻处罚不能毫无限制，而应该有所节制，但也不能搞一刀切。具体而言，在一般情况下只能降一格处罚，但在特殊情况下可以根据案情需要降二格甚至降三格处罚。"[3]

实质上，对于这些问题，早有司法解释等规范性文件进行了一定程度的明确，这里所说的"法定刑"，是指根据被告人所犯罪行的轻重，应当分别适用的刑法规定的不同条款或者相应的量刑幅度。具体来说，如果被告人所犯罪行的刑罚分别规定有几条或几款，那么应以其罪行应当适用的条或款所规定的量刑幅度作为"法定刑"；如果同一条文中有几个量刑幅度，那么应以其罪行应当适用的量刑幅度作为"法定刑"；如果只有单一的量刑幅度，那么应以此为"法定刑"。除正确理解"法定刑"之外，还应注意"减轻"与"从轻"的区别。在同一法定刑幅

---

〔1〕 参见马克昌主编：《刑罚通论》，武汉大学出版社 1999 年版，第 346 页。

〔2〕 参见樊风林主编：《刑罚通论》，中国政法大学出版社 1994 年版，第 417 页。

〔3〕 参见徐立、胡剑波："'许霆案'减轻处罚的根据与幅度分析"，载《法商研究》2009 年第 5 期。

度内适用较轻的刑种或者较低的刑期是"从轻处罚"而不是"减轻处罚"。在法定刑以下减轻处罚,是指在法定刑幅度的最低刑之下进行处罚。对于如何正确理解法定最低刑,1997年12月31日最高人民法院《关于适用刑法第十二条几个问题的解释》第2条规定,如果刑法规定的某一犯罪只有一个法定刑幅度,那么法定最低刑是指该法定刑幅度的最低刑;如果刑法规定的某一犯罪有两个以上的法定刑幅度,那么法定最低刑是指具体犯罪行为应当适用的法定刑幅度的最低刑。

在这种背景之下,《刑法修正案(八)》对此进行了明确,规定:"犯罪分子具有本法规定的减轻处罚情节的,应当在法定刑以下判处刑罚;本法规定有数个量刑幅度的,应当在法定量刑幅度的下一个量刑幅度内判处刑罚。"尽管《刑法修正案(八)》对之前的一些争议性问题进行了明确,但是还不够具体,尚有很多问题值得探讨,需要进一步完善。

以上立法和理论研究,都是针对法定减轻处罚而言的,对于特别减轻处罚,是否也应当受同样的减轻处罚幅度的限制,笔者认为,答案应是肯定的。

二、量刑幅度问题

对于减轻处罚应当是在法定量刑幅度的下一个量刑幅度内判处刑罚已经没有争议,然而,何为量刑幅度,在理解上还存在分歧。如有论者认为:"1997年《刑法》第234条第1款规定:'故意伤害他人身体的,处3年以下有期徒刑、拘役或者管制。'如果某个犯罪分子犯故意伤害罪,应判处3年以下有期徒刑,但由于存在法定减轻处罚情节,那么对其应在'3年以下有期徒刑'这一量刑幅度的下一个量刑幅度'拘役'(1个月至6

个月）内判处刑罚，而不能在'拘役'的下一个量刑幅度'管制'（3个月至2年）内判处刑罚，更不能判处比管制还要轻的附加刑。"[1]该种观点将刑法分则中规定的每个可判处的刑罚种类都理解为一个量刑幅度。与此相应，也就有了学界较为流行的"12格刑说"或"10格刑说"。但是，也有学者持不同观点，认为这种观点"将组成一个法定量刑幅度的3个不同的刑种曲解为3个法定量刑幅度。这样，一个原本完整的法定量刑幅度被肢解为3个量刑幅度，本属于在法定刑限度以内从轻处罚结果被错误地说成是减轻处罚。"[2]

对于量刑幅度问题，2012年5月30日《最高人民法院研究室关于如何理解"在法定刑以下判处刑罚"问题的答复》曾经有过明确意见："刑法分则中规定的'处十年以上有期徒刑、无期徒刑或者死刑'，是一个量刑幅度，而不是'十年以上有期徒刑'、'无期徒刑'和'死刑'三个量刑幅度。"按此意见，盗窃罪、诈骗罪、抢夺罪等常见多发的犯罪，其数额较大的一般法定刑"3年以下有期徒刑、拘役或者管制，并处或者单处罚金"就应是一个量刑幅度，而不是"3年以下有期徒刑""拘役""管制""单处罚金"四个量刑幅度，这会导致一系列问题。该意见观点本身在合理性、妥当性上值得商榷。

笔者认为，在探讨何为"量刑幅度"时不能脱离量刑活动原理和司法实践去机械地理解、讨论。如"处10年以上有期徒刑、无期徒刑或者死刑"及"3年以下有期徒刑、拘役或者管

---

[1]　参见全国人大常委会法制工作委员会刑法室编：《中华人民共和国刑法修正案（八）条文说明、立法理由及相关规定》，北京大学出版社2011年版，第30页、第18页。

[2]　王志祥、袁宏山："减轻处罚制度立法再完善之探讨——以《中华人民共和国刑法修正案（八）》为分析样本"，载《法商研究》2012年第1期。

制，并处或者单处罚金"这样的法定刑幅度，应以刑种作为法定量刑幅度，而不应跨越刑种统一视为一个量刑幅度。

（一）量刑与刑种问题

量刑活动本身是以刑种为基本单元的，如果将多刑种视为一个量刑幅度，将使量刑中的定量分析失去意义，进而产生各种问题。《最高人民法院、最高人民检察院关于常见犯罪的量刑指导意见（试行）》法发〔2021〕21号中指出："量刑步骤：（1）根据基本犯罪构成事实在相应的法定刑幅度内确定量刑起点；（2）根据其他影响犯罪构成的犯罪数额、犯罪次数、犯罪后果等犯罪事实，在量刑起点的基础上增加刑罚量确定基准刑；（3）根据量刑情节调节基准刑，并综合考虑全案情况，依法确定宣告刑。"在跨刑种的情况下，无论是量刑起点还是基准刑，显然都是以刑种为基本单元的，在基准刑基础上运用量刑情节"同向相加、逆向相减"来调节、确定最终的宣告刑。而刑种以自由刑为主，除了无期徒刑以外，相互之间可以换算，因此，如果以刑种作为一个量刑幅度，则不同量刑情节可以顺利地进行"同向相加、逆向相减"。比如某盗窃罪的被告人，同时存在某法定从重处罚情节以及某法定减轻处罚情节，而基准刑是6个月有期徒刑，则我们可以顺利确定其宣告刑，因为减轻处罚的话，其是在拘役刑内判处刑罚，减为拘役刑后仍可以对从重处罚情节进行评价。但是如果将"3年以下有期徒刑、拘役或者管制，并处或者单处罚金"作为一个量刑幅度，则只要有一个减轻处罚情节，则无论存在多少从重处罚情节都没有再进行换算的必要，因为从重处罚最高也不会超过3年有期徒刑，而减轻处罚则要在该跨四个刑种的"一个量刑幅度"以下判处刑罚，此时恐怕只能免除处罚了。"减轻情节"与"从重情节"根本不在一个维度内，"同向相加、逆向相减"的定量分析也就无从谈起。为了避免出现该问题，可能唯一的方法是不宣布减轻处罚，而是从轻处罚，但这明显属于因果倒置，根据宣告刑罚结果来确定量刑情节作从轻还是减轻处罚使用，而不是确定量刑情节作从轻或减轻处罚使用之后再得出宣告刑，这是有悖刑罚基本原理的。

（二）刑种与量刑幅度

从刑事司法实践看，将多刑种的法定刑幅度视为一个量刑幅度，会产生各种问题，难以落实。刑法分则中设置如"3年以下有期徒刑、拘役或者管制，并处或单处罚金"这样多刑种的法定刑幅度，客观上赋予了法官、检察官一定的裁量权，从而有利于实现个案的罪刑均衡，但是，将这种多刑种的法定刑幅度视为一个量刑幅度，意味着一旦出现减轻处罚情节，则不管该法定刑幅度包括几个刑种、刑种之间的跨度有多大、最低刑如何低，都要在法定刑幅度以外、最低刑种以下判处刑罚，这客观上会减弱甚至剥夺法官、检察官的裁量权，不利于量刑公正与罪刑均衡的实现，进而很可能导致法官、检察官对包含从轻、减轻处罚功能的量刑情节，仅使用其从轻处罚功能，而回避其减轻处罚功能，反而不利于减轻处罚情节作用的发挥。

从司法实践尤其是量刑实践角度分析，随着量刑精细化的发展，甚至是电脑量刑软件以及大数据分析比对的出现，对于各刑种适用的界限、范围已经有了较为明确的标准。比如，盗窃罪一般情节的法定刑是"3年以下有期徒刑、拘役或者管制，并处或者单处罚金"，而北京市司法机关该法定刑涵盖的数额范围是"2千元至6万元"，但不意味着盗窃6万元可以径直单处罚金，或者盗窃2千元可以径直判处3年有期徒刑，刑期、刑种与法定刑有着相对明确的对照关系：如果嫌疑人盗窃几千元又全部退赃的，一般只会判处拘役，如果嫌疑人盗窃一万元而没有退赃的，则只能判处有期徒刑。因此，各刑种都相对明确地对应不同的犯罪数额、犯罪情节，此时，如果将"3 年以下有期徒刑、拘役或者管制，并处或者单处罚金"视为一个量刑幅度，则在出现减轻处罚情节时，盗窃 5 万元与盗窃 2 千元的被告人，均要在单处罚金以下判处刑罚，实际上都要免除刑罚，必然造成量刑上的极大不公，这显然是司法实践中所不能容忍的。因此，司法实践中更倾向将跨刑种的一个法定刑幅度根据刑种区分为多个量刑幅度，从而为减轻处罚情节的使用留有充足空间。如前述盗窃 5 万元的被告人，依法肯定要判处有期徒刑，但因具有减轻处罚情节，可以判处其拘役 6 个月；对于盗窃 2 千元的被告人，依法本可以判处拘役刑，但因具有减轻处罚情节，可以判处其管制，或者单处罚金。

当然，将多刑种的一个法定刑幅度根据刑种区分为多个量刑幅度在实践中也会面临一定问题，毕竟刑种与犯罪数额、情节间的对应关系是相对的，而不是绝对明确的，因此，可能出现同样的犯罪事实、数额、情节在不同法院、不同法官间对应不同刑种的情况，但是量刑裁判活动本就难以精确量化，需要靠司法官的裁量权来解决，将一定范围内的问题留给司法官的裁量权来柔性解决，由司法官在制度框架内去追求、实现个案罪刑均衡，要好过制度本身不利于罪刑均衡实现、实践中又难以落实的一刀切式的硬性规定。

三、罪名与刑格问题

由于刑法分则中许多罪名规定的量刑幅度很大，学术界便发展出了刑格，较为流行的是"12 刑格"或"10 刑格"。

"格"是对我国刑法规定的刑罚幅度的一种表述。学者对此有不同的划分，有学者认为，根据我国刑法分则的规定，法定最低刑共有 10 格，即无期徒刑、10 年徒刑、7 年徒刑、5 年徒刑、3 年徒刑、2 年徒刑、6 个月徒刑、拘役、管制和附加刑。[1]随着法律的修改和认识的不同，也有论者认为，可以分为 12 个刑格，即死刑、无期徒刑、15 年徒刑、10 年徒刑、7 年徒刑、5 年徒刑、3 年徒刑、2 年徒刑、1 年徒刑、拘役、管制和附加刑。[2]

对此，笔者认为：

1. 划分 12 刑格的路径具有积极意义。

12 刑格的划分对于精确化量刑显然具有重要意义，尤其在量刑成为法庭审理的一个独立阶段的情况下，刑格的划分可以让控辩双方以及法庭在同一语境下进行交锋，进而使得量刑更为合理。同时，刑格对于刑罚执行阶段的减刑制度也具有重要意义，应通过刑格限制、防止减刑制度被滥用，即一次减刑不能超过一个刑格，否则应该接受严格的审核。而就减轻处罚而言，显然减轻处罚是以量刑幅度为对象，而不是以刑格为对象的，但是对于处罚减轻后面临的法定刑幅度选择较宽的，此时刑格便有重要的规范意义。比如原法定刑为 10 年以上有期徒刑、减轻处罚后为 3 年以上 10 年以下有期徒刑的，此时具体选择应科处的刑罚，便可以参考刑格的划分。不过，这里不宜做严格的限制，宜仅做原则性限定，即一般应当在法定刑以下的下一个刑格判处刑罚，但是不排除跨几个刑格减轻处罚的情形。因为在同一量刑幅度内的跨越刑格问题，其实已经是从轻处罚

---

〔1〕　参见马克昌主编：《刑罚通论》，武汉大学出版社 1999 年版，第 346 页。

〔2〕　参见敦宁："减轻处罚司法适用问题新探"，载《刑法论丛》2013 年第 2 期。

问题，而无论是理论还是实践，都不可能使从轻处罚幅度完全受刑格的限制，这里的刑格，主要还是起防止权力滥用的提示性作用，如果根据案情，法官有充分的理由，当然可以跨越多个刑格从轻处罚。

2. 应当增加"0"为一个刑格。

这里的"0"在主刑即为免除处罚，在附加刑即为不并处附加刑。传统上我们认为刑格即为对刑罚的划分，有刑罚才能划分，因此，传统的划分都没有将 0 作为一个刑格。然而，这种划分方法易造成认识上的偏差。首先，将 0 作为一个刑格在逻辑上是自洽的，因为一方面免除处罚本身是刑法明确规定的，即不施加刑法规定的任何主刑或附加刑，在刑罚上是 0；但另一方面免除处罚本身不意味着被告人没有得到任何制裁，事实上虽然免除处罚，但宣告有罪本身就是一种制裁与否定性评价，因此这里的 0 在否定性的法律后果上又有独立存在的意义。其次，传统的划分方法易造成减轻处罚就是要降低一个刑格或几个刑格的机械思维，而忽略了可以减轻为免除处罚这一合法、合理的路径。很多关于刑格的论述都是在讨论降低一个刑格或两个刑格，如 3 年有期徒刑减轻处罚应当减为 2 年有期徒刑，2 年有期徒刑减轻处罚应当减为 1 年有期徒刑，1 年有期徒刑减轻处罚应当减为拘役，拘役减轻处罚的应当管制等，殊不知，刑罚的科处是一门社会科学，不是数学运算，尽管应当适度地量化以规范自由裁量减少量刑失衡，但是不能过于机械、教条。试想，司法实践中，对于基准刑为拘役的犯罪人，在具有减轻处罚的情节，应当减轻处罚时，已然进入"犯罪情节轻微"的领域，可以考虑免除刑事处罚，免除处罚应当成为可能的选项。最后，就附加刑而言，并处附加刑减为不并处附加刑也应当为减轻处罚的一种。附加刑的减轻处罚较为复杂，在主刑减轻的同时，将并处的附加刑减为不并处是减轻处罚的一种形式，将主刑减为单处附加刑也是减轻处罚的一种形式，而不减轻主刑，仅仅是将应当并处附加刑的减为不并处附加刑也是减轻处罚的一种形式。在有些案件中，附加刑的作用不逊于主刑，如经济犯罪案件中，附加的罚金往往是犯罪人最为关注的，也是对犯罪人打击最大的处罚形式。故而，附加刑的减轻处罚具有重要意义。因此，"0"刑格对附加刑而言也具有重要价值。

四、跨刑种减轻处罚问题

这里事实上包含两个问题，第一，能否跨越刑法分则条文规定的不同刑种而减轻处罚；第二，能否在刑法分则条文规定的刑种之外减轻处罚。

（一）跨越分则规定的刑种减轻处罚问题

跨越分则规定的刑种减轻处罚，是指减轻处罚前后面临的法定刑的刑种不同。如果从10年以上有期徒刑减为10年以下有期徒刑，则不存在该问题。因此，该问题主要涉及的是刑法分则条文中跨刑种规定的两种情形：第一，重罪情形，如"故意杀人的，处死刑、无期徒刑或者10年以上有期徒刑"，涉及死刑、无期徒刑、有期徒刑三个刑种；第二，轻罪情形，如盗窃罪条文中"处3年以下有期徒刑、拘役或者管制，并处或者单处罚金"，涉及有期徒刑、拘役、管制、单处罚金四个刑种。首先，跨刑种减轻是减轻处罚中不可避免的。如对于无期徒刑的减轻，只能减为其他刑种；再如对于最低刑期的有期徒刑的减轻，只能减为其他刑种；拘役和管制也是同理。其次，相对于前文刑格而言，应作更为严格的限制，但不宜作机械性规定。

如果说刑格的存在对于量刑时从轻的幅度具有提示性意义的话，那么刑种的存在对于减轻处罚的幅度而言则具有原则性意义，但仍不是绝对性限制。从限制裁量权滥用和司法监督的角度出发，对跨刑种减轻应慎重，但从充分发挥减轻处罚制度的正面价值、实现罪刑均衡的角度而言，又不宜禁止，尤其是在认罪认罚从宽制度改革的背景下，赋予法官或检察官较大幅度的裁量权，对于鼓励被告人认罪认罚、实现认罪认罚从宽制度的正面价值具有重要意义。在确有必要跨刑种减轻处罚的情况下，法院应做好充分的说理工作，检察机关、当事人予以监督、制约，则可以最大程度上发挥减轻处罚制度的积极价值，预防或减少其可能的负面影响。

（二）法定刑种之外减轻处罚问题

在刑法分则条文规定的法定刑种之外减轻处罚问题，即超越刑法分则某条文规定的刑罚种类来减轻处罚，如刑法分则条文规定法定最低刑为"3年以下有期徒刑"的，能否在减轻处罚时科处拘役刑，对此学术界、司法实务界都存在一定争论。但目前看，主流观点认为可以在法定刑以下的刑种判处刑罚，如张明楷教授便认为"如果法定最低刑是拘役，或者虽是有期徒刑但徒刑的起点为最低刑期时，可以减轻至其他刑种。例如，战时自伤身体的，法定刑为3年以下有期徒刑；如果具有减轻处罚情节，就只能选择拘役"。[1]对此，笔者认为是适当的。因此，对于《刑法》第144条规定的生产、销售有毒、有害食品罪，如果被告人仅是在成人用品店销售少量含有伟哥成分的壮阳药、未造成损害人体健康后果的，具有减轻处罚情节或应予

---

〔1〕 参见张明楷：《刑法学》上，法律出版社2016年版，第581页。

特别减轻处罚的，可以在法定刑"5年以下有期徒刑"以外判处拘役刑。事实上，对于该问题也不必过于夸大或纠结，因为任何法官在法定刑种以外或以下减轻处罚时，都面临着巨大的压力，无论是检察官、当事人的外部监督，还是法院系统的内部考核，法官滥用此权力、谋求私利的可能很低，追求、实现罪刑均衡恐怕是法官作出此种裁量结果时的最大动力。

第七章
特别减轻处罚程序论

　　97《刑法》确定的特别减轻处罚制度最大的特点就是设置了程序限制，即最高人民法院的核准程序。而这一关键性的修改也是目前特别减轻处罚制度运行不畅的重要原因。笔者在调研中了解到，有些案件公诉人在作出起诉决定时就考虑到了量刑的失衡，会通过罪名的调整来规避这一情况。公诉人在提起公诉前，会考虑起诉罪名及可能判处的刑罚是否与犯罪嫌疑人所犯罪行轻重相适应，如果认为按照起诉的罪名可能量定的刑罚过高，不会期盼法官在量刑时走特别减轻处罚程序，而是在起诉时就改变起诉罪名，选择刑罚轻一些的罪名来起诉。而法官也往往会支持这种起诉。尽管这种做法的过程不符合法律规定，但是其结果却达至了刑罚适当。因此，实践中特别减轻处罚案件的稀少不完全是法官不够人性化，还源于检察官的"人性化"。公诉人采取此种"曲线"方式，可见其"用心良苦"，也可见我国目前的特别减轻处罚制度不能适应实践的要求，通俗地讲就是"不好用"。公诉人绞尽脑汁采用其他方式达至量刑的合理也不寄希望于特别减轻处罚制度，主要原因就是特别减轻处罚程序的不合理。有文章指出"法有限而情无穷，创设这一制度（特别减轻处罚制度）体现了刑事立法的科学性和刑法的谦抑性精神，是罪刑相适应原则的具体贯彻落实，有利于真正做到重罪重罚、轻罪轻罚、无罪不罚、罚当其罪，也有利于促进罪犯的教育改造。实践中我们也经常遇到由于刑法本身或者因司法解释的原因，而导致对被告人量刑畸重的情形，这种感受有时公诉人和法官都有，但仅因复核程序的问题，导致特别减轻处罚制度不能落到实处。"〔1〕程序问题是制约特别减轻处罚制度发展的重要瓶颈，本部分就将针对特别减轻处罚的程序问题展开分析。

第一节　核准还是复核——核准模式之探讨

核准权的性质决定了是否需要核准以及应该设置怎样的核准程序，这是特别减轻处罚程序问题的基础。

一、核准与复核词义之辨

《刑诉法高法解释》专设第 16 章对"在法定刑以下判处刑罚和特殊假释的核准"作出规定，与第 17 章"死刑复核程序"并列。

从《刑诉法高法解释》对二者的程序规定上看，二者程序基本相同。但是，从名称上看，二者却使用了不同的字眼，即"核准"和"复核"，这两个词之间的意思差别在哪里？为何相似的程序却使用了不同的名称？或者说，为何不同的名称却使用了相似的程序？

核准一词的字面意思是"审核后批准：如施工计划已经上报批准。"〔2〕在法律用语中，指上级法院对于下级法院送交审查

---

〔1〕　周斌峰："谨防酌定减轻处罚制度被人为闲置"，载《检察日报》2005 年10 月 31 日，第 3 版。

〔2〕　参见中国社会科学院语言研究所词典编辑室编：《现代汉语词典》，商务印书馆 2005 年版，第 554 页。

的事项进行的审核及批准。[1]因此，在法定刑以下判处刑罚的核准就应当是最高人民法院对于下级法院送交审查的"在法定刑以下判处刑罚的案件"进行审核以及决定是否批准。而再看《刑法》的规定，"犯罪分子虽然不具有本法规定的减轻处罚情节，但是根据案件的特殊情况，经最高人民法院核准，也可以在法定刑以下判处刑罚"。《刑法》的规定逻辑是下级人民法院如果认为需要在法定刑以下判处刑罚，需要报请最高人民法院审核及批准，如果最高人民法院批准了，则可以在法定刑以下判处刑罚。这与"核准"一词的含义也甚相符。

再看复核一词，字典里的解释是"1.审查核对：把报告里面的数字复核一下。2.法院判处死刑案件的特定司法程序"。[2]实质上，其字面含义即"审查核对"。对比"核准"一词的含义，笔者认为，二者的差别有三：一是核准包含了审核和批准两层含义，而复核更倾向于审查核对，以查验是否有错误。当然，审查核对只是过程，如果审查核对过程中发现错误必然要指出错误，要求纠正或者直接纠正；而如果没有发现错误，也必然要给出复核通过的结论。如此来看，二者含义差别不大，仅是侧重点略有不同。对于特别减轻处罚而言，更倾向于"最高人民法院批准的才能在法定刑以下判处刑罚"。二是核准更强调事中，而复核更强调事后。核准是审查批准，批准才能生效，是一个事中程序；而复核是再一次审查核对，是一个事后程序。三是核准更强调结果，而复核更加强调过程。核准更加强调

---

[1]　参见"核准"，载 https://baike.so.com/doc/300071-317623.html，最后访问日期：2018年3月2日。
[2]　参见中国社会科学院语言研究所词典编辑室编：《现代汉语词典》，商务印书馆 2005 年版，第 428 页。

"准"与"不准"的结果,而复核更加强调"审查核对"的过程。

审视我国《刑事诉讼法》中对复核的使用,其中4处[1]用到复核。(1) 公安机关对人民检察院不批准逮捕决定向上级人民检察院提请复核。[2](2) 公安机关对人民检察院不起诉决定向上级人民检察院申请复核。[3](3) 死刑复核程序。(4) 公安机关对人民检察院附条件不起诉决定向上级人民检察院申请复核。[4]实质上,刑事诉讼法对复核的使用可以分为两类:第一类是上级人民检察院对下级人民检察院不批准逮捕、不起诉(含附条件不起诉)决定进行复核;第二类是死刑复核程序。就第一类而言,与复核一词的含义相同,是一种事后程序,对下级人民检察院的决定进行再一次的审查核对,是事后程序。在复核启动之前,原来的决定已经生效,有人提出异议则再一次审查核对,再一次审查核对期间不影响原决定的执行。再一次审查核对后,会作出审查核对的决定,要么维持原决定,要么指出原决定中存在的错误,要求纠正或者直接进行纠正。

第二类比较特殊,由于死刑案件的特殊性,在正常的二审

---

〔1〕 就同一事项多次用到复核一词算作一处。

〔2〕《刑事诉讼法》第92条规定:"公安机关对人民检察院不批准逮捕的决定,认为有错误的时候,可以要求复议,但是必须将被拘留的人立即释放。如果意见不被接受,可以向上一级人民检察院提请复核。上级人民检察院应当立即复核,作出是否变更的决定,通知下级人民检察院和公安机关执行。"

〔3〕《刑事诉讼法》第179条规定:"对于公安机关移送起诉的案件,人民检察院决定不起诉的,应当将不起诉决定书送达公安机关。公安机关认为不起诉的决定有错误的时候,可以要求复议,如果意见不被接受,可以向上一级人民检察院提请复核。"

〔4〕《刑事诉讼法》第282条第2款规定:"对附条件不起诉的决定,公安机关要求复议、提请复核或者被害人申诉的,适用本法第一百七十九条、第一百八十条的规定。"

终审程序之外，法律又强制性增加了上级人民法院复核和最高人民法院核准。从二审终审之后再走死刑复核程序而言，死刑复核程序是一种事后程序；从最高人民法院核准后死刑判决才能生效角度讲，死刑复核程序又是一种事中程序。在逐级上报过程中，上级法院需要进行复核，即再一次的审查核对，而最终核准权在最高人民法院。因此，刑事诉讼法在死刑复核程序的具体规定中也出现了复核和核准两个词，如《刑事诉讼法》第 246 条规定："死刑由最高人民法院核准。"这里强调了核准的结果性和事中性，最高人民法院要作出"准"或"不准"的最终决定；同时，核准以后才能生效，核准程序是一个事中程序。再如第 247 条规定："中级人民法院判处死刑的第一审案件，被告人不上诉的，应当由高级人民法院复核后，报请最高人民法院核准。高级人民法院不同意判处死刑的，可以提审或者发回重新审判。高级人民法院判处死刑的第一审案件被告人不上诉的，和判处死刑的第二审案件，都应当报请最高人民法院核准。"这里区分了核准与复核，对于中级人民法院判处死刑的第一审案件，被告人不上诉的，高级人民法院只是进行复核，即再一次的审查核对，其不拥有最终的核准权力；而最高人民法院是进行核准，拥有最终核准与否的权力。再如第 248 条规定："中级人民法院判处死刑缓期二年执行的案件，由高级人民法院核准。"这里清楚明白地表明对于死刑缓期二年执行案件，高级人民法院拥有的不再只是审查核对权力，而是最终的核准权。再如第 249、250、251 条规定："最高人民法院复核死刑案件，高级人民法院复核死刑缓期执行的案件，应当由审判员三人组成合议庭进行。最高人民法院复核死刑案件，应当作出核准或者不核准死刑的裁定。对于不核准死刑的，最高人民法院可以发回重新审判或者予以改判。最高人民法院复核死刑案件，应当讯问被告人，辩护律师提出要求的，应当听取辩护律师的意见。在复核死刑案件过程中，最高人民检察院可以向最高人民法院提出意见。最高人民法院应当将死刑复核结果通报最高人民检察院。"这里强调了复核和核准的过程性与结果性区别，即使拥有最终核准权，最高人民法院也首先要对案件进行复核，即再一次的审查核对，审查核对后再作出"核准"与"不核准"的结果性决定。因此，死刑复核程序中实质上包含了复核和核准。

对于特别减轻处罚而言，根据《刑法》第 63 条第 2 款的规定"经最高人民法院核准，也可以在法定刑以下判处刑罚"，理解其字面含义，应当是针对个案，最高人民法院批准的，才能特别减轻处罚，即特别减轻处罚的需先报最高人民法院核准，后作出判决。而实践中，如此很难操作，实质上特别减轻处罚与死刑复核的核准程序基本相同，都是先作出判决，判决暂时不生效——向最高人民法院报核——核准后再生效。

二、《刑诉法高法解释》的程序规定及《刑法》第 63 条程序表述的合理性

然而，《刑诉法高法解释》却未准确区分核准程序与复核程序，将二者混用。

1996 年《刑诉法高法解释》是在 1996 年 12 月 20 日发布的，当时 97《刑法》尚未出台，在法定刑以下判处刑罚只需审委会决定，不涉及核准程序，因此，1996 年《刑诉法高法解释》并未涉及特别减轻处罚的核准问题。2012 年《刑事诉讼法》修改后，新版《刑诉法高法解释》于 2012 年 12 月 20 日发

布。尽管 2012 年《刑事诉讼法》修改未涉及法定刑以下判处刑罚的程序问题，然而，2012 年《刑诉法高法解释》却补上了 1996 年《刑诉法高法解释》先于 97《刑法》出台未涉及法定刑以下判处刑罚程序的缺憾，增加了专章规定"在法定刑以下判处刑罚和特殊假释的核准"。这似乎是司法解释的一大进步，弥补了刑事诉讼法的一个缺憾。2018 年《刑事诉讼法》修改后，最高人民法院于 2021 年又出台了新的《刑诉法高法解释》，在特别减轻处罚的核准部分，仅是对个别表述进行了调整和增加了一条"对符合刑法第六十三条第二款规定的案件，第一审人民法院未在法定刑以下判处刑罚的，第二审人民法院可以在法定刑以下判处刑罚，并层报最高人民法院核准"，实质内容上未有大的改动。纵观几版《刑诉法高法解释》，在法定刑以下判处刑罚的核准程序上都套用了死刑复核的程序，这着实让人深思。《刑事诉讼法》及《刑诉法高法解释》第 16 章关于特别减轻处罚的核准部分有几点值得关注。

首先，为何几次刑事诉讼法修改均未涉及法定刑以下判处刑罚案件的程序问题。

1. 作为刑法的专门程序法，应当与刑法相呼应。然而，1996 年《刑事诉讼法》与 97《刑法》的时间错位导致了二者的部分不协调。97《刑法》生效后，应当对照《刑法》对《刑事诉讼法》进行修改，对法定刑以下判处刑罚的程序问题进行细化规定。实际情况是，到了 2012 年《刑事诉讼法》才进行修改，但是经过了 15 年，情况又发生了巨大变化。97《刑法》规定的不合理之处在实践中后果显现，特别减轻处罚几被闲置，无论是理论界还是实务界对 97《刑法》的规定都存有质疑。在这种情况下，《刑事诉讼法》再对 97《刑法》规定的程序问题进行细化规定似乎比较尴尬，这可能是 2012 年《刑事诉讼法》未涉及特别减轻处罚程序问题的原因之一。而 2018 年《刑事诉讼法》的修改，重点是回应认罪认罚程序改革，对于特别减轻处罚制度，理论界的质疑和实践中的闲置状态并未改变，故而《刑事诉讼法》依然未涉及该领域。

2. 无论是司法实践还是理论研究，特别减轻处罚都几乎处于半休眠状态，而特别减轻处罚的程序问题自然也就处于半休眠状态，这可能是 2012 年《刑事诉讼法》和 2018 年《刑事诉讼法》均未涉及特别减轻处罚程序问题的原因之二。

其次，《刑诉法高法解释》第 16 章的章名"在法定刑以下判处刑罚和特殊假释的核准"是否恰当。这种表述套用了《刑法》第 63 条的表述，即"经最高人民法院核准，也可以在法定刑以下判处刑罚"，由此简化为在法定刑以下判处刑罚的核准，然而，第 63 条第 2 款的规定还有个前提，即"犯罪分子虽然不具有本法规定的减轻处罚情节，但是根据案件的特殊情况"，这表明此种情况仅是不具有法定减轻处罚情节的法定刑以下判处刑罚，即在法定刑以下判处刑罚可以分为法定减轻处罚和特别减轻处罚两种，只有特别减轻处罚才需要核准。因此，《刑诉法高法解释》第 16 章的章名表述为"在法定刑以下判处刑罚和特殊假释的核准"有欠妥当，改为"特别减轻处罚的核准"更为适宜。

最后，《刑诉法高法解释》将特别减轻处罚的核准程序规定为与死刑复核案件的复核程序相似是否合理？是否是对"核准"一词的误用？根据以上分析，核准应当为事中程序，按照刑法规定的表述，应当先经最高人民法院核准，再作出在法定刑以下判处刑罚的决定。然而，实践中如此操作几乎不可能，将造成司法资源的极大浪费。按照刑法规定的理想状态，一审法院拟作出特别减轻处罚判决的，应当首先层报最高人民法院核准，最高人民法院核准的，再作出判决。然而，判决后，还面临被告人上诉、人民检察院抗诉的可能。一旦上诉、抗诉，一审判决即无法生效，进而二审。这一方面存在司法资源的极大浪费——如此复杂的层报最高人民法院核准宣告无效。另一方面，也存在审判的悖论——已经经过最高人民法院核准的判决，二审人民法院再一次重新审判，而且可能改判。这存在着审判层级的混乱。由此可见，《刑诉法高法解释》的规定并不是对"核准"一词的误用，而是根据司法实际进行的调整。

既然不是《刑诉法高法解释》的误用，那么反视《刑法》第 63 条第 2 款的规定，即使规定为需要最高人民法院核准，从表述的科学性上，做如下修改更为适宜："犯罪分子虽然不具有本法规定的减轻处罚情节，但是根据案件的特殊情况，在法定刑以下判处刑罚更为适宜的，也可以在法定刑以下判处刑罚。不具有法定减轻处罚情节而在法定刑以下判处刑罚的，应当报请最高人民法院核准。"

三、核准还是复核

人民法院依法独立行使审判权，在具体个案的审判上具有独立审判权，就个案的审理应当不受上级法院的干预。但是，同时上下级法院之间存在审级上的监督，这首先突出表现在二审上，上一级法院可以对下一级法院审判结束的案件进行二次审判。其次，第二个重要的表现是审判监督程序，上级法院和最高人民法院可以对下级人民法院审判结束的案件启动审判监督程序，进行再一次的审查、审判。

特别减轻处罚的核准也是上级人民法院监督权的表现之一。下级法院有权依法独立审判，上级法院不能对下级法院正在审判的案件强加干预，但是，上级法院可以行使审级监督权，对下级法院审判完成的案件进行再一次的审查，以决定是否进行再一次的审判。

就特别减轻处罚核准程序的设置初衷而言，其也重在对特别减轻处罚进行监督，防止特别减轻处罚权的滥用。

但是，从独立行使审判权的角度讲，核准应当是类似于审判监督程序的审查程序，不能侵入下级法院的独立审判权。即，下级法院依法独立行使审判权，作出判决后，一审判决过了上诉、抗诉期限判决即生效，二审判决作出即生效。后续为监督而进行的"核准"应当是审判监督权的行使，是强制性地对所有特别减轻处罚案件进行审判监督审查，以决定是否启动审判监督程序，如果审查认为其判决合理，即审查通过不予提起审判监督程序；如果认为原判不合理，则可启动审判监督程序，发回重新审判、指令重新审判或直接改判。

如果下级法院判决后不生效，需要上级或者最高人民法院核准后才能生效则不得不说是对下级人民法院独立审判权的侵犯。因此，核准的方式本身存在法理逻辑上的硬伤，不是最合理的监督方式。如果要采用最高法对每一起特别减轻处罚案件进行监督的方式，改核准为复核更合法理。即下级人民法院可依法独立行使审判权，但是判决生效后，对每个特别减轻处罚的个案都由上级法院主动启动复核程序，对其进行审查。但是复核期间不影响原判决的效力。

因此，从应然的角度分析，特别减轻处罚的核准或者复核可以有三种模式：

第一种模式，按照《刑法》第 63 条的字面含义解读，核准采其本意，为事中程序。即审判法院意欲特别减轻处罚的，需先报请最高人民法院核准，才能作出特别减轻处罚决定。

第二种模式，按照《刑诉法高法解释》的模式，类似于死刑复核的程序，但是实质上是一种事后的核准，即一审判决过了上诉期、二审判决作出后不生效，而是核准之后才生效。[1]

第三种模式，纯粹的复核程序。即一审判决过了上诉期、二审判决作出后就生效，但是强制性启动复核程序，复核程序不影响原生效判决的效力。

笔者认为，在三种模式中，第三种模式最符合司法规律，同时从法经济学的角度，也完全可以达到对特别减轻处罚进行监督的目的，将特别减轻处罚的核准改为复核更为合理。

第二节　上一级法院还是最高法院——下放核准/复核权之分析

从长远目标看，笔者认为将核准改为"复核"更为合理，但是从短期目标看，在不改变现有核准模式的情况下，下放核准权似乎是更容易达成的目标。本部分将探讨核准/复核权的下放问题，为避免表述和理解的混乱，在行文中，除特别强调，仍然采用"核准权"的表述。

"1979 年刑法酌定减轻处罚条款曾被大量适用。虽然当时没

---

〔1〕　死刑复核程序采用这种模式，因为死刑案件有其特殊性，需要非常谨慎。但是这种程序设置仍然导致了理论界的迷惑，对于死刑复核程序的性质，存在着行政复核、三审等各种学说，各种学说都有理由但是又都不能压倒性地说服其他学说。这不是学说的无力，而是死刑复核程序本身的错乱。

有具体的统计数据，但是，个别中级法院 1 年就有 70 起酌定减轻处罚的案件，全国每年至少有几千件被酌定减轻处罚的案件。"[1]不可否认，特别减轻处罚的滥用必然削弱刑法的规范作用，部分地架空刑法规则的效果，同时，可能为司法腐败提供温床。也正是因此，97《刑法》修改时，改变了由"审判委员会"决定即可在法定刑以下判处刑罚的做法，改为须由最高人民法院核准。然而，这种修法方法却不免有矫枉过正的嫌疑，导致实践中特别减轻处罚案件的断崖式下跌。97《刑法》实施后，"每年最高法院核准酌定减轻处罚的案件只有那么一二十件。"[2]有学者认为，97《刑法》"对（酌定）减轻处刑规定了严格的程序限制，实际上等于把它取消了。……这与刑罚的功用理论实际上相违背。刑罚应当作到个别化。因为案件实际上是相当复杂的，刑罚的公正适用要求个案处理才有最大的社会效果，应当求得最佳的社会效果，应该有一个缓冲器。个别案件通过这个条文的适用能够达到最大限度的公正，法律效果和社会效果达到最大限度的统一。现在我们把这个阀门拧死了。"[3]

学界和实务界对 97《刑法》规定的最高人民法院核准这一核准标准过高已基本形成共识。在笔者所能找到的文献中，绝大部分的学者都认为这一核准标准过于严苛，直接导致了特别减轻处罚制度的萎缩。如"第一，刑法第三十七条规定：'对于犯罪情节轻微不需要判处刑罚的，可以免予刑事处罚'。根据

---

〔1〕 参见张军等：《刑法纵横谈·总则部分》，北京大学出版社 2008 年版，第391页。

〔2〕 参见张军等：《刑法纵横谈·总则部分》，北京大学出版社 2008 年版，第390页。

〔3〕 张军：《刑法纵横谈·总则部分》，法律出版社 2003 年版，第369页、第373页。

'举轻以明重'的当然解释,既然对被告人免予刑事处罚都不需要报最高院核准,对被告人减轻处罚就更不需报最高人民法院核准。第二,与酌定减轻处罚一样,缓刑、减刑、假释也都事关刑罚能否被严格适用,也都可能存在'掌握界限不统一,随意性较大'的问题,但是,无论是缓刑、减刑还是假释,1997年刑法都没有必须报请最高人民法院核准的程序要求。可见,单对酌定减轻处罚作严格的程序限定,并无实质道理。第三,从比较法的角度看,也可以发现要求酌定减轻处罚需最高人民法院核准是不妥的。"〔1〕

笔者认为,无论是从实践效果还是从理论分析,由最高人民法院核准都不是最合理的程序监督方式。对特别减轻处罚应当进行一定的程序控制已是共识,分歧仅在于应当采用何种程序控制方式,如果采用核准的方式,应当由哪级法院进行核准。

一、高级人民法院核准可能性之分析

比较最高人民法院核准与高级人民法院核准之优劣:

1. 统一刑罚适用之维

将特别减轻处罚的核准权直接提高到最高一级的人民法院,其可能的优势或考虑即在于统一刑罚的适用。统一刑罚适用、保证量刑均衡也是刑事司法中经常提到的一项任务,然而,对于"统一刑罚适用"的限度,却存在着认识误区。

第一,统一刑罚适用并不是要求全国各地完全一致,允许地方差异。我国地域辽阔,各地经济、文化发展水平极不均衡,同时也存在着风俗习惯等的差异,要求全国各地采用完全一致

---

〔1〕 李立众:"修改酌定减轻处罚核准主体之建议",载《人民检察》2011年第9期。

的标准量刑是不合理也无法实现的。《最高人民法院、最高人民检察院关于常见犯罪的量刑指导意见（试行）》（量刑的指导原则部分）第4条规定："量刑要客观、全面把握不同时期不同地区的经济社会发展和治安形势的变化，确保刑法任务的实现；对于同一地区同一时期案情相似的案件，所判处的刑罚应当基本均衡。"据此可知，最高人民法院也支持不同地区之间量刑差异的存在。量刑是对一个犯罪行为的综合性判断，不能枉顾行为发生的环境去谈量刑。据此，对于特别减轻处罚由最高人民法院核准是为了统一法律适用的尺度的理由似乎站不住脚，相比于最高人民法院站在全国的高度去核准特别减轻处罚，不如高级人民法院立足于本省去作核准，在本省范围内适度地统一量刑尺度。

第二，应允许一定范围的同案不同判。不能机械地理解"同案不同判"，不能见到案情相似的案件判决结果有差异就大加批评。一定范围内的"同案不同判"是合理的存在：其一，如《最高人民法院、最高人民检察院关于常见犯罪的量刑指导意见（试行）》（量刑的指导原则部分）第4条中所述，地区差异、不同历史时期的社会状况和治安状况的差异可能导致同案不同判；其二，不同的刑事政策可能导致同案不同判；其三，案件不可能完全一致，除了法定的量刑情节，还存在诸多酌定量刑情节，以及法律规定之外的情理的因素；其四，应尊重法官自由裁量权，我们对法官不信任的传统导致多方制约法官的自由裁量权，恐惧"同案不同判"，实质上，随着我国法官队伍整体素质的提高，应当逐步树立司法权威，尊重法官的自由裁量。司法判断不是数学运算，即使存在完全一致的两个案件，其发生的时空条件也完全相同，在不同的法官裁断之下，也会有不同的结果。这就是社会科学的魅力所在。对于完全相同的案件，一定范围内的"同案不同判"也是合理的。故而，综合判断案件的地区、时间、大的社会环境、案件的具体情理因素、法官的自由裁量等，我们很难要求案件在全国范围内的统一，尤其是出现了"特殊情况"，需要在法定刑以下判处刑罚的，更不应该要求全国范围内的统一。就统一刑罚适用尺度而言，高级人民法院比之最高人民法院更具优势。

2. 防止司法腐败之维

就防止司法腐败而言，最高人民法院核准与高院核准差异不大，都能起到监督的作用。如果一定要比较哪个监督效果更好，一般来说越高级别的法院监督力越强。但就实际需要来说，高级人民法院核准即可发挥监督的作用。而从法经济学上看，由最高人民法院来承担这个监督职责有牛刀杀鸡之嫌，不符合比例原则。

3. 对比死刑复核之维

特别减轻处罚案件与死刑案件都需要最高人民法院复核/核准，且同样涉及是由最高人民法院复核/核准还是高级人民法院复核/核准的问题。回看97《刑法》刚修改之后至2007年最高人民法院收回死刑复核权这10年，死刑案件由高院复核即可执行，而减轻处罚的案件却要最高人民法院核准才可以。这一对比让人震撼。难道在法定刑以下判处刑罚比死刑还需严格控制、加强监督？2007年死刑复核权收回后，死刑案件的复核才与减轻处罚的核准处于同样的高度，然而，对比特别减轻处罚与死刑案件，二者不可相提并论，一个是剥夺人最重要的生命权，另一个仅是量刑上减轻，从应然角度讲，对特别减轻处罚的控制力度应当远小于死刑复核案件。在特别减轻处罚的核准与死刑案件的复核平起平坐十余年后，是否应当考虑降低特别减轻处罚核准的级别？实际上，对于特别减轻处罚的核准，最大的意义就在于监督，防止特别减轻处罚权的滥用，只要能起到监督作用即可。而为了监督就上提到最高人民法院显然是没有必要的。

4. 刑事政策变化之维

新一轮司法改革的重要内容之一就是司法责任制，习近平总书记在中央政治局第二十一次集体学习时强调指出，"推进司法体制改革，要紧紧牵住司法责任制这个牛鼻子"。通俗而言，司法责任制就是要让审理者裁判，让裁判者负责，如果出现错误，还要终身追责。中央提出"司法责任制"改革，是适应我国司法水平发展、顺应司法规律的重要举措。随着我国司法者整体水平的提高，将裁判权交给法官的需求越来越大，而对法官的司法裁判权力的干预应当越来越弱。将裁判的权力交给审判法官，审判法官根据事实、法律和内心确信进行裁断，并且对裁断结果负责。

特别减轻处罚的核准恰恰是对法官裁断的不信任，不敢把权力全部交给审理者。在司法责任制改革之下，就是要求放权给法官，信任法官有足够的水平进行合法、合理裁断，不会枉法裁判。与此相适应的还有配套的终身追责机制。以前是集体决策，一旦出现错误无法追责，现在把裁断权更多地交给审理者，相应地，审理者要对裁断结果负责，如果出现错误将受到责任追究。这本身就是对裁断者的监督措施，促使裁断者审慎地作出裁判决定。司法责任制改革语境下的特别减轻处罚，必然要求弱化对法官的审级监督，更多地放权给裁判者。

5. 实践后果之维

97《刑法》规定特别减轻处罚需由最高人民法院核准之后，

全国特别减轻处罚案件出现了断崖式下跌，从每年几千件下降到一二十件。并不是说几千件就是好事，只是"一二十件"的数量太少，实践中很多应该适用特别减轻处罚的案件也因繁杂的程序使法官检察官望而却步，就像笔者在调研中了解到的，很多法官、检察官会采用"以刑制罪"的方式来规避特别减轻处罚，曲线达到刑罚的降低。而严格来讲，这是不符合法律逻辑的。我国法律从未规定特别减轻处罚可以由高级人民法院核准，所以高级人民法院核准将是怎样的实践样态不得而知。但是，很明确的是，最高人民法院核准的实践效果极差，而其中最重要的原因是核准程序太过繁杂。

由上述分析可见，特别减轻处罚的核准权并没有上升到最高人民法院的必要，高级人民法院核准比最高人民法院核准更有优势。然而，高级人民法院核准也存在问题。

1. 无论是高级人民法院核准还是最高人民法院核准，都存在审级核准的固有矛盾。如果是中级人民法院一审，被告人上诉或者检察院抗诉，则应当由高级人民法院二审，如果二审作出了特别减轻处罚，则将由本级人民法院核准，似乎核准已经失去任何意义。当然，理论上讲，最高人民法院核准也存在类似的问题，对于高级人民法院一审的案件，上诉或者抗诉就会至最高人民法院二审，同样存在着特别减轻处罚判决和核准由同一级法院作出的情况。

如果由高级人民法院一审的案件，被告人未上诉，检察院未抗诉，则由高级人民法院本级作出核准决定。如果存在上诉或者抗诉，则由最高人民法院二审，如果最高人民法院作出特别减轻处罚判决，是否需要回到一审法院核准呢？也存在悖论。当然这种情况也可以作为例外，规定最高法院的判决为终审判

决，由其本级法院核准。

2. 从法经济学的角度，高级人民法院核准比之最高人民法院核准要经济一些，但是仍然存在程序繁琐的问题，只是程度轻一些而已。

二、上一级人民法院核准可能性分析

通过历史梳理，我们发现，在《刑法》的修改历史中，曾经有由上一级人民法院核准的建议。上一级人民法院核准是否可行？

上一级人民法院核准有些强制性三审的意味，是使原本二审终审的案件判决不生效，强制性进入书面的第三审。这种做法克服了上述高级人民法院核准的两点悖论：其一，一般不存在本级法院终审的案件由本级法院核准的问题。除非最高人民法院作出的二审判决或一审判决，否则不存在由本级法院核准本级法院判决的问题。但是，实践中，最高人民法院直接审判案件的情况非常少见，基本可以忽略。且，二审终审制也存在这一问题，这是不可避免的。其二，从法经济学角度，上一级法院比之高级人民法院更加经济。对于基层人民法院一审判决后没有上诉、抗诉的案件，中级人民法院核准即可。当然，这种模式下，高级人民法院一审判决没有上诉、抗诉，或者高级人民法院二审的案件，需要报最高人民法院核准。这与高级人民法院核准模式相比，似乎更加的不经济。然而，首先，高级人民法院一审的案件数量微乎其微，而又需要特别减轻处罚的可能性更小。其次，高级人民法院二审的案件数量总体而言在所有案件中占比也不高。最后，尽管在诉讼经济上略显劣势，但是这避免了本级生效判决本级核准的弊端，更加符合诉讼逻辑。

由此分析，上一级人民法院核准是可行路径之一。当然，上一级人民法院核准也存在问题：

1. 从法律逻辑上讲，上一级人民法院核准也存在审级核准的固有缺陷，即在个案上，需上一级人民法院核准才能生效是对下一级人民法院独立行使审判权的侵犯。

当然，通过上文对核准和复核性质的分析，笔者认为要解决这一问题，可以改为由上一级人民法院"复核"。即仍然坚持二审终审制，但是对于特别减轻处罚的，强制性由上一级人民法院利用审判监督权，启动复核程序，对其进行合理性审查，并且在4个月之内作出审查决定。复核过程不影响生效判决的效力。如果复核认为特别减轻处罚没有问题，则维持原判。如果复核认为不应当在法定刑以下判处刑罚或者存在徇私舞弊、程序违法等情况，则可决定撤销原判，发回重审。在决定作出之日起，原判决效力终止，重新进行审判。其具体程序与审判监督程序相似。

2. 同案不同判风险可能提高。尽管上文分析过，允许一定范围内的"同案不同判"，但是这是一个程度判断问题。权力越下放，同案不同判的风险越高。至于权力下放到哪一级最合适，这不是一个简单的、容易回答的问题。只能说比之最高人民法院核准和高级人民法院核准，上一级人民法院核准中同案不同判风险上升。当然，细细分析，上一级人民法院核准模式中，最有可能成为核准法院的是高级人民法院和中级人民法院。与高级人民法院核准相比，只是将一部分案件交由了中级人民法院核准。而中级人民法院本身判决的特别减轻处罚案件需要报高级人民法院核准，而高级人民法院的核准与不核准决定会影响中级人民法院对是否应当特别减轻处罚的判断，这种判断也会反映在对基层人民法院判决的特别减轻处罚案件的核准上。从这一角度分析，同案不同判的风险似乎也并不高。

通过上述分析，上一级人民法院核准优势较大。

三、本级法院自己决定（取消核准）可能性分析

由于特别减轻处罚是对成文法规定的突破，是一种例外情形，因此，其适用应当受到限制。如果不加规制，将导致例外的滥用而架空一般规则。79《刑法》之后特别减轻处罚的泛滥就是例证。对于特别减轻处罚进行一定的限制毋庸置疑，然而，采取哪种方式进行限制是问题的关键。对于特别减轻处罚的限制，主要有两种思路：我国刑法一贯地采用了监督的方式，而苏俄则采用了细化例外启动条件的方式。

比较这两种思路：

1. 从司法逻辑上看，苏俄的方式更加尊重法官的独立裁判权，将是否应当特别减轻的权力交给法官，法官根据相应的限制性启动条件进行独立判断。我国的监督方式一定程度上也是将是否特别减轻处罚的权力交给法官，只是这种权力一方面在启用上不加限制，没有条件反而使法官惮于行使权力；另一方面，这种权力又是不完整的，充其量只能是"建议权"，需要最高人民法院"批准"才能生效。

2. 从诉讼效率上看，毫无疑问，苏俄的方式效率更高。苏俄的方式中，相比于非特别减轻处罚案件，特别减轻处罚不消耗更多的诉讼资源。而我国的监督方式，核准程序的繁琐和不经济已是不争的事实。

3. 从司法效果上看，由于语言的障碍，苏俄的实践运行情况笔者尚未找到权威的资料，但是我国方式的实践效果不佳以

及亟须改革却是共识。

4. 从可操作性上看，尽管启动条件的细化具有理论的可行性和合理性，但是特别减轻处罚制度本身就是为了弥补成文法的不足，以满足无法提前预料的多样的社会样态，而提前进行启动的限制必然也陷入成文法的僵化与社会事实的多样性的矛盾当中。因此，并不是大家没有认识到条件细化的合理性，只是在具体操作上，无法把握条件细化的度。如果条件过于笼统，限制效果将大打折扣，如果过于详细，上文已述，将与特别减轻处罚制度的存在初衷相违背。而我国的监督方式，简单易行。

再回到可否取消核准的问题上，监督是否必要？笔者认为，在启动条件上无法做到具体、明确的情况下，应当在程序上进行一些限制，而且，程序限制比之条件细化更容易操作，更有效果。但是程序限制可以有很多种方式，上级人民法院的监督应当只是程序限制的方式之一。如果采用上级人民法院监督的方式，则本级法院自己决定就不是理想的选择。当然，如果采用其他程序限制方式配合本级人民法院自己决定，也是可考虑的路径之一，具体将在下文分析。而在监督方式上，复核比之核准更加符合司法规律，也更加契合目前正在进行的司法责任制改革。

综上，在核准与复核的问题上，复核要优于核准。在核准权下放问题上，最高人民法院核准是最不可取的；高级人民法院核准优于最高人民法院核准，但是也存在弊端；上一级人民法院核准最优；本级人民法院直接作出判决配合其他程序限制也是可考虑的选项。

在目前阶段，比较各种方案，笔者认为，上一级人民法院复核是短期改革的最优路径。

1. 程序繁琐是制约目前特别减轻处罚制度的最大问题之一。

上级法院复核可以适度弱化 97《刑法》规定的最高人民法院核准的极端性，在程序上大大简化，极大地提高司法效率。

2. 权力的不完整是制约目前特别减轻处罚的另一大问题，而改核准为复核符合司法规律，不违背司法逻辑，可以最大化地尊重法官的司法裁量权。当然改核准为复核，则尊重二审终审制，一审法院判决后无上诉、抗诉或二审法院判决后即生效，后续的复核程序属于强制性的审判监督程序。上级人民法院复核后认为生效判决没有错误的，即可裁定维持原判；上级人民法院复核后认为生效判决存在重大问题，即可启动审判监督程序，裁定撤销原判发回重审或者自行重审。

第三节　核准还是听证——新监督方式之探索

上文已经分析，对于特别减轻处罚应当进行一定的限制，限制的方法不局限于审级监督，还包括适用条件的限定、审级监督外的其他监督方式等。对于条件的限定，已经在实体论一章进行了论证，这里主要探讨审级监督之外的其他监督方式。而在"其他监督方式"中，听证是可考虑选项之一。

一、刑事听证概念解析

我国《刑事诉讼法》中并未出现"听证"二字，理论界对刑事听证的研究也较少，"刑事听证"并未形成公认的概念和模式[1]，笔者认为刑事听证是指刑事诉讼过程中，为了解决某些阶段性问题，而由有决定权的侦查机关、审查起诉机关、审判

---

〔1〕　目前就"刑事听证"进行完整的理论阐述和实践分析的专著仅有一本，即作者所著《刑事听证研究》，中国人民公安大学出版社 2016 年版。

机关主持，公开进行，由非利害关系人作为听证员组成听证评议小组听取利害关系人的陈述、辩论，作出听证评议意见，主持人听取各方面意见并参考听证评议意见作出裁决的程序。理解刑事听证的概念需要注意以下问题：

1. 刑事听证与刑事审判（庭审）是完全不同的两个概念。审判是一个很宽泛的概念，笔者认为在刑事诉讼领域，凡是法院通过诉讼程序对争议问题进行裁决就是审判，具体的审判方式上，根据目前的法律规定，可以开庭审理，也可以不开庭而采用书面的方式进行。但是，由于审判的典型形式是开庭审理，我们平常往往用审判代替了庭审的概念。此处听证与审判不是同一层次的概念，不能直接进行比较，更为准确的是听证与庭审的比较。

狭义的刑事听证与庭审程序相比较，两者主要有以下几点不同：

第一，裁决的主体、内容不同。其一，庭审的裁决主体只能是人民法院，而听证的裁决主体更加多样，在人民检察院或公安机关决定的事项中引入听证时，听证的裁决主体就可能是人民检察院或公安机关。如不起诉听证中的裁决主体就是人民检察院。其二，听证主要针对程序事项，而庭审则主要解决实体问题。听证和庭审都可以就实体和程序问题作出裁决，但是，听证所解决的程序问题居多，而庭审中，实体问题是重点。

第二，程序的其他参与人不同。庭审有固定的诉讼参与人，而听证的参与人更加多样。庭审中，除了作为裁决主体的法官外，主要的诉讼参与人是控辩双方，而在听证中，除了主持人之外，还可能有刑事诉讼中的控方、辩方、公安机关、监狱、社会公众等，本书称之为听证人。

第三，公民的参与方式不同。听证程序采取听证评议意见的方式，而庭审主要是陪审的方式。在听证程序中，社会公众可以成为听证评议委员，听取各方意见后作出评议意见，从而民意得以公开、有序地表达，并作为听证裁决的法定参考因素，甚至是决定因素之一，对裁决结果施以正当的、直接的影响。庭审程序中，公民可以作为陪审员参加审判，并对案件的事实和法律问题发表自己的看法。

第四，对抗性不同。听证的对抗性弱于庭审，庭审强调控辩平等对抗，而听证重在听取各方意见，除裁决主体外，其他参与人之间的关系比庭审中更加多样。如减刑听证中，被减刑人、减刑执行机关之间并不存在直接的对抗，各方参与是为查明是否存在减刑的法定事由，并在此基础上表达是否应当减刑的理由。

2. 刑事听证程序是指应用于刑事诉讼过程中，用来解决刑事诉讼中某些阶段性问题的一种程序。刑事听证程序不同于一般刑事诉讼程序之处在于：刑事诉讼程序是指解决某犯罪嫌疑人是否有罪以及判处怎样的刑罚或者某项犯罪活动由谁实施以及如何对其进行处罚的整个过程，一般的刑事诉讼程序最终以被告人是否有罪、判处怎样的刑罚并如何执行而终结；而听证程序解决的是刑事诉讼过程中的某些阶段性的、具体的问题，如是否起诉、应否减刑等，其以该问题解决、刑事诉讼得以继续进行为目的。换言之，整个刑事诉讼程序解决的是刑事犯罪定罪量刑问题，目的是解决纠纷、维护社会秩序，而刑事听证解决的是诉讼过程中的"阶段性问题"，目的是解决程序运行中的障碍，使刑事诉讼更加科学、顺畅地进行，为刑事诉讼的最终目的服务。相对于整个刑事诉讼程序，刑事听证程序是一个子程序、"迷你刑事诉讼程序"或者"程序中的程序"。

3. 听证的形式与结构。听证在形式上表现为召开听证会，即利害关系人、非利害关系人齐集一堂，当面、直接、公开表明自己的意见。学界一般将听证分为正式听证和非正式听证，正式听证以庭审型的听证会为主要标志，利害关系人、非利害关系人在听证会上发表各自看法，且听证评议意见是作出决定时的依据或者重要参考。非正式听证是指不采用听证会形式来听取意见，且不依笔录作为裁决唯一依据的一种程序模式。[1]有学者认为"它（非正式听证）不太强调听证的形式，只要使当事人得到一个表达意见的机会，也就满足了给予当事人听证的要求。"[2]还有学者认为"正当法律程序并不是不问时间、地点、情况如何，只能采取正式的听证形式。正当法律程序要求采取适合具体案件的听证形式。根据具体案件的性质，听证的形式可以从正式的听证到非正式的会谈，以及介于二者之间的各种形式。正当法律程序是一个灵活适用的程序，只要求某种形式的听证，不要求固定形式的听证"。[3]非正式听证实质上与"兼听则明、偏听则暗"所指相同，就是给各方表达意见的

---

〔1〕　如"正式听证以审判型的听证会为主要标志，指行政机关在制定条例、法规或作出具体裁决时，举行审判型的听证会，以给当事人及其他利害关系人提出证据、反证、对质或质证（诘问证人）的机会，然后根据听证会记录或充分考虑听证会记录作出决定的程序。非正式听证则是指行政机关在制定条例、法规或作出具体裁决时，不举行审判型的听证会，但给当事人及利害关系人口头或书面陈述意见的机会，以供行政机关作决定时参考，但行政机关不必基于听证记录作出决定的程序"。参见卞苏徽：《走向现代化的行政改革——深圳政府体制创新之路》，国家行政学院出版社2000年版，第159页。另可参见章剑生：《行政听证制度研究》，浙江大学出版社2010年版，第17页。

〔2〕　章剑生：《行政听证制度研究》，浙江大学出版社2010年版，第19页。

〔3〕　参见曾繁正等编译：《哈佛大学行政管理学院行政教程系列——重要核心课程之一·美国行政法》，红旗出版社1998年版，第60页。

机会。这是一种基本诉讼理念，没有必要再打上"听证"的标牌，否则混淆了听证与一般诉讼程序的区别，界限不明。因此，本书仅以"正式听证"作为研究对象，即采用听证会的形式公开举行，利害关系人直接、当面表达意见。这通常就要涉及以下一些参与者：

第一，听证主持人。通常为对待决事项有裁决权的公安司法机关，其主持、推进听证的进行，听取各方意见并结合听证评议意见，作出对待决事项的最终决定。

第二，听证人。个人要求听证必须能够证明他与该案有着"权利、利益或者正当期待"。因此，听证人通常为利益相关人，他们在听证中享有发言权。利益相关人是听证中最重要的参加人，包括侦查机关，公诉机关，犯罪嫌疑人、被告人，犯罪嫌疑人、被告人的法定代理人、辩护人、近亲属，被害人，被害人的诉讼代理人、近亲属，涉案财物的利益相关人等。刑事案件主要目的是惩罚犯罪、保护人民，因此，犯罪嫌疑人、被告人和被害人是刑事诉讼中最重要的两方参与人，在刑事听证中亦然。刑事诉讼中的每项决定都与他们的切实利益息息相关，他们是最渴望参与程序并积极影响诉讼结果的人，理应有权参加听证。侦查机关和公诉机关作为案件承办机关，在刑事诉讼中负有职责，对于某些听证应当参加说明情况。如不起诉听证中侦查机关应当参加，并表达其对是否应当起诉的意见。涉案财物的利益相关人是刑事诉讼中的"第三人"，他们虽然不是刑事诉讼中的被告、被害两方之一，但是与案件也有直接的利益关系，案件的处理结果将直接影响他们的财产利益，因此，也应有权参加刑事听证，表达意见并维护自身利益。

第三，辅助人。辅助人指除作为主持人的公安司法机关和案件利益相关人之外的与案件的审判有关系的人，包括证人、司法鉴定人员、专家、翻译人员、法律监督机关等。他们与案件没有直接的利益关系，但是对于公正地作出裁决能够提供帮助或者影响。法律监督机关指享有法律监督权的检察机关，其对整个诉讼程序有监督的权力和职责，作为监督者在听证中也享有发言权。

第四，听证评议委员会。委员会负责听取各方意见，进行讨论，给出评议意见，即对待决事项的评判意见，供主持方参考。评议委员会的组成人员多样，目前实践中一般是聘请人大代表、政协委员、法学专家、相关司法机关领导、人民监督员、公众代表组成评议委员会。这种组成具有代表性，能够反映社会公众的看法，又能起到监督的作用。刑事案件的审判不是数学运算，不是直接套用法律条文就能够得出公正的结果，需要综合考虑各种情况，注重案件审判的社会效果，而在诉讼过程中，及时听取法学专家、社会公众的意见，有利于公安司法机关作出不仅合法而且更加合理的决定。而人大代表等参加听证，能够使宽泛的公民法律监督权落到实处，监督更有力、更有实效。

4. 听证与听审的关系。对国外听证概念的翻译，有的学者将其译为"听证或听审"，在相关的法学著作中，也可见使用"听审"概念的，目前，刑事诉讼理论界基本上将"听审"与"听证"二者混用。听审一词更加体现了"hearing"的审判性质，但是，也正是基于此，又将其适用主体限定为法院，故其适用范围也就限制在法院主持进行的"听证"中，而笔者理解的听证，是一种听取各方意见的程序，排除了庭审，包括检察机关主持进行的听证、公安机关主持的听证。因此，笔者认为，在刑事诉讼领域中，对于人民法院主持进行的"听证"，听证与听审两词同义，但是，听证较听审的含义更广，还包括法院之外的其他机关主持进行的"听证"。

5. 听证的效力。在刑事听证中，听证评议委员会集体讨论，给出评议意见。其一，评议意见不能代替法官的裁断，只是法官裁断的参考。本质上，特别减轻处罚是法官量刑权的内容之一，如果由听证评议意见代替法官的裁断，是对法官量刑权的侵犯。其二，法官并不是可参考可不参考，对于法官的裁断意见与听证评议意见不一致的，法官应当说明理由。

二、特别减轻处罚听证程序

（一）特别减轻处罚听证的启动

根据启动主体不同，可以分为经申请启动和自行决定启动两种情况。

1. 经申请启动

被告人、辩护人认为可以特别减轻处罚的，应当在开庭前提出特别减轻处罚量刑听证的申请，并附证据和理由，由法庭审查决定是否启动听证。减轻处罚涉及被告人的核心权利，应当赋予被告人申请启动权。公诉方认为可以特别减轻处罚的，应当在起诉意见书中写明在法定刑以下量刑的量刑建议，同时提出听证申请。

控辩双方均可提出启动特别减轻处罚听证的申请，是否启动听证的权力则归于法官。首先，是否特别减轻处罚是法官的自由裁量权，其他制度设计只为对法官自由裁量权进行一定的监督，因此，听证程序的启动权必须归于法官，公诉方与辩护方只能提出听证的申请，是否启动听证由法官决定。其次，基于诉讼效率考量，特别减轻处罚作为一种例外，其适用应该是少数，而听证要耗费一定的人力、物力，其启动也应当受到一定的限制。如果辩方能够随意启动听证，则出于利己主义和机会主义，辩方都愿意启动特别减轻处罚听证，而这将导致听证制度的滥用以及司法资源的巨大浪费。最后，将启动权赋予控方也是不合理的。量刑问题是法官的职责和权力，控方只具有建议权，如果控方可自行启动特别减轻处罚的听证，无疑将超越建议的范畴。而且从控辩平等的角度出发，在不赋予辩方启动权的情况下也不应当赋予控方启动权。

2. 自行决定启动程序

尽管特别减轻处罚听证可由控辩双方申请启动，在双方未申请而法官认为可以特别减轻处罚时，也可以由法官自行决定启动听证程序。听证最主要的意义在于对法官特别减轻处罚决定进行监督，而由法官自行启动听证程序是法官自我启动监督的过程。

（二）听证会的程序

听证会的举行与一般的庭审具有很多相似之处，都要赋予利害关系人意见表达和举证的权利，利害关系人之间可以进行辩论，因此也可以分为听证调查和听证辩论两个阶段，不再赘述。

听证会与庭审的最大不同之处在于听证会还有由公民组成的听证评议委员会，听证评议委员与主持人一起听取各方的意见，可以提问，在听证调查、辩论结束后，听证评议委员会单独、秘密评议，并根据少数服从多数原则形成听证评议意见，少数人的意见也应记录在听证评议意见书里。听证评议意见应当在听证会上当场宣读。法官的最终决定可以在听证会上当场作出，也可以择期作出。

（三）刑事听证的期限

期限是制约听证发展的重要原因。由于《刑事诉讼法》对审判期限有明确的规定，而如果要增加量刑听证，必然要在原有审判之外再增加一个独立的听证程序，这必将增加期限的要求。并且，法官并不能总是在审判开始之初就预料到要举行特别减轻处罚听证而为听证特意预留时间，一旦审判期限将至，即使法官认为应当举行听证也将因为期限问题而不得不作罢。因此，如果要引入听证制度，则必须给听证程序独立的期限。笔者建议，特别减轻处罚听证应在 4 个月之内完成，且听证期限不计入审判期限。

听证虽然比普通审判耗时，但是与目前动辄几年的逐级上报到最高人民法院再由人民法院下发是否核准的决定相比，不仅没有拖长诉讼还节约了诉讼时间。

（四）刑事听证的效力

效力问题是刑事听证的根本问题，也是制约听证发展的关键问题。中国的听证最早在行政领域勃发。但是，目前最受关注的价格听证，却遭遇了公众信任危机，处于公众不愿参加的尴尬境地。刑事诉讼中要引入听证，如何防止"走过场"，使得听证的效力真正得到保障？笔者认为，可以从以下几点入手：

1. 增强听证评议意见对最终结果的影响力。听证的目的是为待决事项的裁决提供证据、意见，听证人在听证程序中的证据展示、辩论都要面向主持人和听证评议委员会，听证的结果表现为听证评议委员会作出的听证评议意见。听证评议意见在多大程度上影响最终对待决事项的裁决决定了听证的效力大小。

听证评议意见是社会人士组成的听证评议委员会对待决事项的判断，社会人士的判断不能代替有权机关的裁决，因此，听证评议意见只能是有权机关裁决的参考。但是，有权机关不能漠视听证评议意见，听证评议意见可参考可不参考，如果拟作出的决定与听证评议意见不一致，则需要进一步的审慎处理。目前的司法解释中已经出现这样的做法，如 2011 年 12 月 29 日最高人民检察院第十一届检察委员会第六十九次会议通过《人民检察院刑事申诉案件公开审查程序规定》中要求，对申诉案件的处理意见与听证评议意见不一致时，应当提交检察委员会讨论。这一规定，在听证的效力上是一个进步，使得听证评议意见更具实效。笔者认为，如果检委会最终决定结果与听证评议意见仍然不一致，还需要公开说明理由，并向社会公布。这样，一方面，使得听证评议意见更具有约束力，另一方面，即使最终处理结果与听证评议意见不一致，通过说理，公众可以了解不一致的原因，并且意识到听证评议意见受到了决定机关的重视，不至于对听证的效力失去信心。

具体到特别减轻处罚中，由于特别减轻处罚是一种例外，是对一般法律规则的突破，其适用应当合理并且审慎。所以，法官在作出是否特别减轻处罚的决定时应当参考听证评议意见，如果听证评议委员会作出了应当特别减轻处罚的决定，则法官可在法定刑以下量定刑罚，如果法官不在法定刑以下量定刑罚，应当有充分的理由并予以说明。如果听证评议委员会作出了不能特别减轻处罚的决定，则法官应当在法定刑范围内量定刑罚。如果法官仍然坚持特别减轻处罚，则应当有充分的理由并予以说明。尽管法官只是参考听证评议委员会的决定，可以作出与听证评议意见不一致的决定，但是，听证评议意见仍然对法官具有约束力。在司法责任制下，听证评议意见给了法官特别减轻处罚的充分理由；而如果法官作出与听证评议意见不一致的决定，则需特别审慎。如果存在司法腐败情形，则不一致的听证评议意见无疑会对法官造成巨大压力，这在很大程度上会遏制司法腐败；如果只是认识不同，法官也会重新审慎地审视自己的判断，并评估自己不遵从评议意见的理由是否足够充分。

2. 程序透明，公开进行，接受社会的监督。随着网络的发达，信息的传播越来越快，及时性、互动性、远程性都得到加强。听证的举行，可以通过网络直播，最后的听证评议意见可以在网上公布。

3. 参加听证的公众要有代表性。价格听证被质疑，其中重要原因就是参加听证的代表是否具有代表性受到质疑。如成都的胡丽天，7 年间 23 次被选为价格听证代表，并且多支持政府涨价，被公众质疑是价格听证的"托儿"，[1]这样的听证，如何能让公众信服，又如何能够代表公众的心声？在公众代表的选取上，应当有公开、透明的选取程序。可以划分为专家学者、人大代表、普通公众等几类，并分类建立听证委员库，在听证委员库中随机抽取。如在专家学者的选取上，可以依托中国法学会、北京市法学会的法律人才库，在此基础上，征得学者同意等进一步完善形成专家库，在需要举行听证前采取抽签方式选取听证评议委员。

---

〔1〕"成都老太 7 年参加 23 次听证会 回应质疑称不是托"，载 http：/news. sina. com. cn/s/2011－07－19/020622835787. shtml，最后访问日期：2018 年 7 月 18 日。

三、特别减轻处罚听证优势分析

（一）可加强司法监督，防止枉法裁判

听证程序具有如下特征：

第一，公开性。公开性是听证的基本特征。在对听证的各种定义中，无论何种定义均强调听证的"公开性"，要求公开举行，听取利害关系人的意见，有时候有证人参加，并允许公众参与或旁听。公开则意味着透明，将所有过程呈现在公众监督之下，可避免或减少暗箱操作，增强结果（判决、裁定、决定等）的公信力与说服力。

第二，平等性。平等性是听证制度设计的形式要素，对其可概括为：除听证主持方外，其他参与各方地位平等、机会均等、权利对等，即具有平等的地位，相同的表达机会、参与机会和对等的权利。相较于庭审中的控辩双方，听证参与各方地位的这种平等性可能更为彻底、绝对。因为，要吸引、说服包括利益不相关的专家、社会公众代表参与到听证中来，并从听证中有效吸纳各方的真实意见，地位上的平等无疑是必备要素。保证刑事听证的参与方，至少是在听证过程中，不受司法威权的吓阻，这是刑事听证长期、健康发展的必要条件。

第三，参与性。参与性包括利害关系人的参与和非利害关系人的参与。刑事听证强调利害关系人的参与，同时，还注重非利害关系人，如法学专家、社会公众代表的参与，这不仅是刑事听证有异于庭审的形式要素，更是增强刑事听证的公正性和社会说服力的内在要求。

刑事听证的参与性非常重要：（1）参与是维护本方利益的基础。刑事听证的重要目的之一是对待决问题作出裁决，而裁决的基础是听证人所提供的证据等信息。没有参与则没有表达的机会，也就无法影响裁决的作出。只有参与其中，才能提供有利本方的信息，也才有机会对裁决作出有利本方的影响。一切的证据等信息都必须在参与的基础上才能发挥作用。大到整个刑事诉讼，小到诉讼中个别问题的解决，参与都是维护本方利益的基础。所谓的"暗箱操作"、行政化等，都是因缺乏参与性。（2）参与是服判息诉的前提。正义应当是"看得见的正义"，如果听证参与人无法参与听证，只是知道结果，即使结果是公正的，也很难令听证参与人信服。尤其是目前腐败问题的存在，如果不让听证参与人"参与"听证，再公正的裁决、决定也难免招致怀疑。目前涉诉信访问题突出，其中有多方面原因，不乏不了解判决作出的过程和理由，误认为司法不公的。

非利害关系人的参与包括普通社会大众、人大代表、政协委员、法律专家等。非利害关系人参加听证，具有以下价值：（1）监督作用。非利害关系人参见听证，可以了解案件情况、处理决定作出的过程、理由，防止枉法裁判的出现。一些司法腐败、枉法裁判情况的出现，绝大多数是因为缺乏监督，而公众监督是最好的监督手段，公众参与听证，为公众监督提供了最好的途径。（2）促进实体、程序公正。其一，参与性意味着利益相关各方与利害无涉的社会中立力量都能在第一时间、在同一平台上参与到听证程序中来，拓宽了决定者的视野、思路，增强了裁决结果的公正性、合理性。法庭审判与传统诉讼过程的弊病之一就在于封闭性，社会公众的意见无法通过正当途径向司法者发声，而司法裁判者在其职业圈子内，未必会认真听取公众意见。近年来网络等新媒体对司法产生了一些影响，但是这种外在舆论的影响，由于信息的不对称、专业知识的缺乏、理性不足等，反而可能对司法者造成困扰，甚至是误导，所以，实践中许多案例的裁判结果在社会上引起极大争议，如药家鑫案[1]，由于网络媒体的过早、过度曝光，难言理性的网络媒体给司法裁判者造成了很大的影响，裁判结果又引起极大争议；而李昌奎案[2]，则是事前未听取社会意见，判决之后，在社会上引起极大争议。这些案例本身都凸显出听证参与性的价值：将理性的法学专家的意见与感性的所谓"民意"通过听证这一平台，正当、适时地引入刑事诉讼进程，对司法者的裁判无疑具有重要价值。其二，非利害关系人，尤其是各方面专家参加听证，可以帮助裁决作出者作出正确、公正的决定。比如，在案件涉及某些专业问题时，可以邀请该专业领域的专家参加听证，为决定作出者提供专业知识。（3）有利于增强听证结果甚至是司法裁判的公信力、说服力。正义不仅应当是"看得见"的正义，而且越来越要求是"看得懂"的正义。在网络等新媒体的监督下，刑事诉讼的透明性、可见性逐步增强，但网络爆料、舆论监督的由外向内的硬性参与模式，注定了其信息披露

---

[1] 2010年10月20日23时许，被告人药家鑫驾车行驶至西安外国语大学长安校区外西北角学府大道时，撞上前方同向骑电动车的张妙，药家鑫下车查看，发现张妙倒地呻吟，对倒地的张妙连捅数刀，致张妙当场死亡。杀人后，被告人药家鑫驾车逃离现场，当车行至郭杜十字时再次将两情侣撞伤，逃逸时被附近群众抓获。此案受到社会广泛关注。一审法院判处药家鑫死刑，二审法院维持了死刑判决，2011年6月7日，药家鑫被执行死刑。

[2] 2009年5月16日，李昌奎因感情纠纷，将同村的王家飞强奸、杀害，并将王家飞3岁的弟弟王家红倒提摔死在门前。王家飞被杀4天后，李昌奎走进四川普格县城关派出所投案。经法医鉴定，王家飞、王家红均系颅脑损伤伴机械性窒息死亡。案发次日，警方在路边的沙洞里发现了李昌奎遗留的裤子。法院通过对比裤子上的血渍以及王家飞身体上的残留物质，并进行DNA鉴定，认定李昌奎就是强奸、杀人的凶手。

的片面性,并带有较明显的诱导性与情感宣泄。因此,一方面,如果诉讼过程不公开,单纯的裁判结果无法说服当事人与社会公众;另一方面,即使公开了诉讼过程,如果说理不充分,公众看不懂诉讼内容,仍然无法消除公众由于媒体先入为主式报道形成的成见,仍会影响司法裁判的公信力。而刑事听证的参与性,使得诉讼过程对外公开,控方、辩方、法学专家、民意代表的意见可以在同一时空条件下交锋,对于民众了解案情、读懂法理裁判会起到良好作用,这无疑会增强裁判的公信力、说服力。

由此可见,听证方式完全可以起到监督的作用,并且在监督作用的发挥上不输于审级监督。

(二)更合法理逻辑

首先,最高人民法院核准或者上一级人民法院核准均存在核准还是复核的法律逻辑难题。(1)如果采用事中核准的方式,则存在巨大的程序繁琐和二审的虚置问题。(2)如果采用事后核准的方式,则有违二审终审制,一审未上诉、未抗诉,二审判决后无法生效,需要上级或最高人民法院核准才能生效,这无疑是对下级法院独立审判权的侵犯。(3)如果采用事后复核的方式,可视为是上级法院启用审判监督权,对下级法院的审判进行监督。这是相对而言更合法律逻辑的做法。然而,这种做法与《刑法》第63条的规定相悖,如果要采用这种方式,必然要对《刑法》第63条进行修改,同时,也要对《刑事诉讼法》进行修改。

其次,现代审判的核心要素是尊重法官权威,法官居中裁判。然而,审级监督的方式本身就是对法官公正性的不信任。采用本级法院审判加量刑听证的方式是最尊重法官审判权的方式，同时解决了监督的问题。这在法律逻辑上，对原本的审判方式改动最小，是在原有的审判框架下进行的，仅是在量刑问题上，引入社会因素、采取程序公开的方式，以避免司法腐败、枉法裁判。

（三）顺应司法责任制改革

司法责任制改革是本轮司法改革的重点，随着我国整体经济社会水平的提高，法官整体素质的提升，以后逐渐将审判权交给审判法官是大势所趋。在特别减轻处罚的决定权上，逐渐放权给审判法官也是发展的趋势，短期来看，可以分步走，先将复核权下放到审判法院的上一级法院；长期来看，最后必然要将权力完全回归给审判法官。

但是，79《刑法》后特别减轻处罚的教训也不能忘记，需要对特别减轻处罚这种例外制度进行一定的限制。而听证就是可考虑选项之一。

四、特别减轻处罚听证劣势分析

（一）效率问题

目前特别减轻处罚被闲置的一个重要原因就是效率低下、程序繁琐，然而，听证程序也面临同样的拷问。听证程序中需要各方参与，尤其是需要组织听证评议委员会，这无疑在本来的审判程序中增加了一个环节。

对于检察机关量刑建议中建议特别减轻处罚或辩方在审判之前就提出听证申请的，可在审判结束后，同时组织量刑听证。这种情况下，可以不必再择日专门组织听证，相对来说对效率的影响不大。

而对于法院经过审判认为应当特别减轻处罚的，则应当另行组织量刑听证。此种情况下，在原有的审判基础上，又增加了一场量刑听证，效率必然大大下降。这与最高人民法院核准相比，可能效率更高；但是与上级人民法院复核相比，可能效率更低。实质上，听证方式与核准、复核方式很难从逻辑分析上比较效率的高下。听证可以作为可考虑路径之一，与其他方式同时进行试点，以观效果。

值得一提的是，2021年最高人民检察院牵头开展了刑事听证的试点工作，很多地方在不起诉等案件中开始采用刑事听证。这是对听证效率、效果等的实践检验，待试点一段时间后，可对试点经验进行总结，这种试点经验也可为特别减轻处罚听证所参考。

（二）在量刑问题上公众因素优势不明显

特别减轻处罚听证本身是一个量刑听证，按照一般认识，量刑是法律的运用问题，量刑权应当归属法官。在美国，由公众组成的陪审团只裁决定罪问题，而量刑完全是法官的事。听证程序比之法官裁判最大特点之一是引入了社会因素，然而，在量刑问题上，社会因素的引入是否具有合理性？

特别减轻处罚案件作为一类例外性案件，其与一般案件的不同就是不完全按照法律规定来量刑，其既是法律运用问题，又突破法律运用，更多时候是一般人的认识问题，或者说包含了情理因素的常人的判断问题。从这一点上看，特别减轻处罚的量刑引入社会因素具有一定的合理性。

综上，特别减轻处罚听证与审级复核相比具有一定的优势，同时，也有其劣势。世间恐怕很难找出一项制度，只有优点没有缺点。至于究竟应当采用上级法院复核的方式还是听证方式，笔者认为，短期而言，可以先改为上级人民法院复核。同时，进行听证试点，总结听证的效果并逐步完善，待到时机成熟，可完全改为听证方式，不再进行复核。

第四节　其他程序问题

一、期限问题

期限问题在实践论部分已经述及，本部分考虑到结构的完整，又重新列为一部分。但是，观点在实践论部分已经列明，不再进行详细分析，仅重述笔者的结论：建议规定上级人民法院复核期限为 2 个月，最高人民法院核准期限为 4 个月。如此，在目前这种层报机制下，如果基层法院判决特别减轻处罚并层报最高人民法院核准，总用时最长将不超过 8 个月；如果中级人民法院判决特别减轻处罚并层报最高人民法院核准，总用时最长将不超过 6 个月；如果高级人民法院判决特别减轻处罚并层报最高人民法院核准，总用时最长将不超过 4 个月。

如果改为听证方式，应当给予听证单独的时间，即听证时间不计入审判期限。听证期限，笔者认为，也可规定为 2 个月。

二、加强裁判说理

裁判说理是判决书不可或缺的部分，其重要性也自不待言。但是，在特别减轻处罚案件中，裁判说理具有更加重要的作用。特别减轻处罚不是一种常规的量刑，如果按照刑法规定的量刑幅度进行量刑，那么量刑说理相对可以简单，列明量刑依据的法条，说明选择该量刑幅度的理由即可。而如果不是常规的量刑，就要特别说明不按照常规量刑的理由，并且要进行充分的说理。"决定越明显地偏离'通常的度'，对量刑思考的详细说明提出的要求越严格。"〔1〕特别减轻处罚的特别之处就是在法定刑幅度内量最低刑还是过重，并且这种过重是法官根据案情进行的综合判断，不是法定的，无论是层报复核、核准，还是使被告人、被害人信服，亦或是将判决书上网供社会大众查阅，都需要列明法官在法定刑以下判决的理由，并且能够让人信服。否则，将招致枉法裁判的猜疑。

另外，裁判说理也是对法官特别减轻处罚裁量权的一种有效监督方式。特别是随着判决书上网，法官的裁判理由要经得起推敲，经得起大众审视，经得起时间的检验。

特别减轻处罚案件的裁判说理，除了传统案件裁判说理的要求之外，还要特别注意特别减轻处罚理由的说明，这不仅包含了法理，同时还有情理，可谓情法交融。因此，笔者认为，特别减轻处罚案件的裁判说理至少要做到：（1）案件事实认定清楚，表述精准、明确、简洁；（2）适用法律准确、明确；（3）适用《刑法》第 63 条第 2 款的理由详细、充分。

---

〔1〕 ［德］汉斯·海因里希·耶赛克、托马斯·魏根特：《德国刑法教科书》，徐久生译，中国法制出版社 2001 年版，第 1054 页。转引自彭文华："酌定减轻处罚的自由裁量与技术制衡"，载《法学评论》2016 年第 3 期。

结 论

由于本书采用了平行式的结构，即从定义、历史、实践、实体、程序等各个角度分析特别减轻处罚制度，而不是传统的递进式结构，即"概述、存在问题、原因、完善建议"的模式。因此，文章的观点分散在各章中，是从不同的角度对该制度进行分析得出的不同的认识、建议。因此，有必要在结论部分将主要观点进行梳理总结。

1. 我国特别减轻处罚制度起步阶段借鉴了苏俄，之后却与苏俄走上了不同的发展道路。即我国刑法典没有就特别减轻处罚的适用条件进行细化和限定，而是从监督上着手。我国的这种模式效果并不好，可以借鉴俄罗斯的方式，在特别减轻处罚的启动条件上进行限制。

2. 79《刑法》与 97《刑法》对特别减轻处罚的规定都出台得非常匆忙，这带来的后果就是法律规定并不合理，不符合实践的需求。就特别减轻处罚将来的修改而言，应避免匆忙立法，可采用试点的方式，成熟后再立法。

3. 特别减轻处罚制度被人为闲置。97《刑法》"矫枉过正"的严格限制，直接导致了特别减轻处罚的沉寂。在特别减轻处罚半沉睡 20 多年后，已经到了修正法律偏差以唤醒该制度的时候。

4. 刑事司法中特别减轻处罚的基础价值是正义，特别减轻处罚是刑法弥补自身缺憾、实现正义的重要手段。特别减轻处罚的直接价值是在立法上矫正罪刑法定原则的不足、为司法实践中实现罪刑均衡提供制度化手段，从以往的整体正义走向更加关注个案正义，同时更加注重情理法的融合。特别减轻处罚的负价值主要是其形式上对法秩序的破坏。还应关注特别减轻处罚价值的实现，在立法上应注意立法程序和具体制度设计的科学性；在司法上应关注特别减轻处罚法律规定能否被恰当适用，需使法官内心愿意使用该制度，可建立评价机制、建立特别减轻处罚案件数据库。

5. 已有的特别减轻处罚实践数据非常少，但在司法实践中特别减轻处罚在严重犯罪中的需求更大。特别减轻处罚仅在罪责刑极不适应的情形下才发挥作用，而且，囿于目前特别减轻处罚的制度设计，实践中的状况是很多罪责刑极不适应的情形也没有采用特别减轻处罚，而是按照法定刑的范围判处刑罚，保持了罪责刑不相适应的状态。应提高特别减轻处罚的适用频率，以更好地实现罪责刑相适应。

6. 应进一步推进精细化量刑，提高量刑的科学性；应适度扩大法官的量刑裁量权；改变阶梯式的量刑幅度，改为交叉式；在某个具体罪名的量刑规定上，从单一式、统一化走向多样化、个别化。

7. 在特别减轻处罚的案件类型中，故意伤害案件最多。建议在《刑法》第234条中增加1款："对于被害人有特殊体质，故意伤害行为只是被害人死亡的诱因，并且犯罪人对被害人的特殊体质不知情也不可能知情的，可减轻处罚。"

8. 在特别减轻处罚的案件类型中，居于第二的是数额犯。

一方面相关立法和司法解释应当根据社会发展状况及时更新；另一方面，量刑档次与量刑档次之间应当是交叉的，不应当是泾渭分明的，既体现数额在量刑中的影响作用，同时又避免了数额的刻板，给其他量刑情节发挥作用的空间。

9. 在特别减轻处罚的案件类型中，居于第三的是涉珍贵动物、野生动物及其制品类案件。随着时间的推移、物价的上涨、人工繁育技术的进步，对某些珍贵野生动物的驯养和商业利用已成规模，某些野生动物数量已大大增加，应当：对野生动物名录进行更新；修改司法解释，修改量刑标准，从数额、数量上提高刑罚升档标准；明确人工繁育动物与真正野生动物的不同量刑标准。

10. 在特别减轻处罚的案件类型中，居于第四的是非法制造、买卖、运输、邮寄、储存枪支、弹药、爆炸物案件。对于个人为生产、生活使用爆炸物，非法于家中储存的，"黑火药超过5千克或者导火索、导爆索超过150米"的量刑升档标准太低。应尽快更新司法解释，提高非法制造、买卖、运输枪支、弹药、爆炸物案件中情节严重的数量标准。

11. 对于核准时间，通过调研发现绝大部分的案件（70%）层报核准总用时在1年之内。核准时间较长的问题并不突出。每一层级复核或核准的平均时长大多在2~4个月。建议：规定复核和核准的期限，取消上级人民法院延长复核时间的规定。规定：上级人民法院复核特别减轻处罚案件应当在2个月内完成。

12. 特别减轻处罚制度是一种典型的"例外"制度，例外的启用需要符合"条件具体明确"规则。笔者建议将特别减轻处罚的启用条件相对细化为"犯罪分子虽然不具有刑法规定的减轻处罚情节，但是由于其主观恶性、人身危险性较小，判处法定刑的最低刑还是难以实现罪刑相适应原则要求的"。具体而言，以下几种情况可特别减轻处罚：第一类，入罪门槛低、法定刑重导致罪刑不相适应；第二类，法定刑升档门槛低导致的罪刑不相适应；第三类，其他因素介入致法定刑升档，导致罪刑不相适应；第四类，法律规定滞后，犯罪数额的规定不能满足司法实践的需要，导致罪刑不相适应；第五类，因索要"人情债"犯罪而导致的罪刑不相适应。

13. 在量刑幅度问题上，不应跨越刑种统一视为一个量刑幅度。在刑格问题上，划分 12 刑格的路径具有积极意义，并应当增加 "0" 为一个刑格。在跨刑种减轻问题上，支持跨刑种减轻处罚，但是应注意充分说理。

14. "核准"与"复核"有相似性又有区别，《刑诉法高法解释》第 16 章的章名表述为"在法定刑以下判处刑罚和特殊假释的核准"有欠妥当，改为"特别减轻处罚的核准"更为适宜。

15. 在核准与复核的问题上，复核要优于核准。在核准权下放问题上，最高人民法院核准是最不可取的；高级人民法院核准优于最高人民法院核准，但是也存在弊端；上一级人民法院核准最优；本级人民法院直接作出判决配合其他程序限制也是可考虑的选项。在目前阶段，上一级人民法院复核是短期改革的最优路径。特别减轻处罚听证也是可考虑的监督方式。

致　谢

　　特别减轻处罚的相关资料不多，思考和写作过程中困难重重。从构思到成文，前后历时3年。3年中，很多人给予了无私的帮助，要特别感谢我的恩师高铭暄先生，从本书的选题到大纲的斟酌，再到成书后的具体修改，特别是高老师住院休养期间还在审读稿件，提出了宝贵的意见。要感谢《法学杂志》编辑部的领导、同事，在我的写作过程中，给予了工作上的关照和时间上的便利。要感谢湖南省高级人民法院杨翔副院长和郑力法官，在调研过程中帮忙协调联络、收集材料。要感谢我的先生李刚博士，不仅为我提供实践情况介绍、探讨论文思路，还在生活中给予包容与支持。要感谢我的师妹李文和王聪，在紧张的学习、实习之余，还帮我做了大量的案例筛选工作。

　　一本书成形，汇聚了很多人的力量，感谢之余也不免感慨。人生步入不惑之年，将迎接新的挑战、开启新的篇章。

参考文献

一、著作类

1. 谢振民编著:《中华民国立法史（下）》，中国政法大学出版社 2000 年版。
2. 李光灿、宁汉林主编，杨堪、张梦梅著:《中国刑法通史（第八分册）》，辽宁大学出版社 1987 年版。
3. 高西江主编:《中华人民共和国刑法的修订与适用》，中国方正出版社 1997 年版。
4. 张军等:《刑法纵横谈·总则部分》，北京大学出版社 2008 年版。
5. 《1917 年—1952 年苏联和苏俄刑事立法史文件汇编》，莫斯科 1953 年版。
6. 《第一部苏维埃刑法典》，莫斯科 1970 年版。
7. 《1926 年苏俄刑法典》，莫斯科 1953 年版。
8. 《俄罗斯联邦刑法典》，黄道秀译，北京大学出版社 2008 年版。
9. 舒国滢等:《法学方法论问题研究》，中国政法大学出版社 2007 年版。
10. 陈瑞华:《论法学研究方法——法学研究的第三条道路》，北京大学出版社 2009 年版。
11. 李德顺:《价值论》，中国人民大学出版社 2007 年版。
12. 中国社会科学院语言研究所词典编辑室编:《现代汉语词典》，商务印书馆 2005 年版。
13. 王玉樑:《当代中国价值哲学》，人民出版社 2004 年版。

14. ［美］杜威:《经验与自然》,付统先译,商务印书馆 1960 年版。

15. 李连科:《哲学价值论》,中国人民大学出版社 1991 年版

16. 卓泽渊:《法的价值论》,法律出版社 2006 年版。

17. 乔克裕、黎晓平:《法律价值论》,中国政法大学出版社 1991 年版。

18. 张乃根:《西方法哲学史纲》,中国政法大学出版社 1997 年版。

19. ［德］卡尔·施米特:《政治的神学》,刘宗坤译,上海人民出版社 2003 年版。

20. ［荷］格劳秀斯:《战争与和平法》,何勤华等译,上海人民出版社 2005 年版。

21. 马克昌主编:《刑罚通论》,武汉大学出版社 1999 年版。

22. 周振想:《刑罚适用论》,法律出版社 1990 年版。

23. 冯卫国、王志远:《刑法总则定罪量刑情节通释》,人民法院出版社 2006 年版。

24. 章剑生:《行政听证制度研究》,浙江大学出版社 2010 年版。

25. 黄太云:《刑事立法的理解与适用——刑事立法背景、立法原意深度解读》,中国人民公安大学出版社 2014 年版,

26. 马明亮:《协商性司法———一种新程序主义理念》,法律出版社 2007 年版。

27. 施鹏鹏:《法律改革,走向新的程序平衡?》,中国政法大学出版社 2013 年版。

28. ［意］贝卡利亚:《论犯罪与刑罚》,黄风译,中国大百科全书出版社 1993 年版。

二、学术论文类

1. 储槐植:"刑法例外规律及其他",载《中外法学》1990 年第 1 期。

2. 张明楷:"犯罪构成理论的课题",载《环球法律评论》2003 年第 3 期。

3. 李振江:"法律例外逻辑例外和事实例外",载《河南大学学报(社会科学版)》1993 年第 3 期。

4. 吴丹红、黄士元:"传闻证据规则研究",载《国家检察官学院学报》

2004 年第 1 期。

5. 曲波："《比利时国际私法典》例外条款立法评析及其启示"，载《东北师大学报（哲学社会科学版）》2010 年第 6 期。

6. 陈卫东："认罪认罚从宽制度研究"，载《中国法学》2016 年第 2 期。

7. 熊秋红："认罪认罚从宽的理论审视与制度完善"，载《法学》2016 年第 10 期

8. 刘颜玲："'例外状态'发展简史——兼论阿甘本例外状态的常规化进程"，载《湖南社会科学》2012 年第 3 期。

9. 顾永忠："关于'完善认罪认罚从宽制度'的几个理论问题"，载《当代法学》2016 年第 6 期。

10. 卢建平："刑事政策视野中的认罪认罚从宽"，载《中外法学》2017 年第 4 期。

11. 邱育钦等："首例'认罪协商'案件获法院判决"，载《石狮日报》2016 年 4 月 9 日，第 2 版。

12. 张建伟："认罪认罚从宽处理：中国式辩诉交易?"，载《探索与争鸣》2017 年第 1 期。

13. 黄京平："认罪认罚从宽制度的若干实体法问题"，载《中国法学》2017 年第 5 期。

14. 陈瑞华："'认罪认罚从宽'改革的理论反思——基于刑事速裁程序运行经验的考察"，载《当代法学》2016 年第 4 期。

15. 左卫民："认罪认罚何以从宽：误区与正解——反思效率优先的改革主张"，载《法学研究》2017 年第 3 期。

16. 魏晓娜："完善认罪认罚从宽制度：中国语境下的关键词展开"，载《法学研究》2016 年第 4 期。

17. 叶青、吴思远："认罪认罚从宽制度的逻辑展开"，载《国家检察官学院学报》2017 年第 1 期。

18. 张明楷："新刑法与并合主义"，载《中国社会科学》2000 年第 1 期。

19. 郭烁："层级性：认罪认罚制度的另一个侧面"，载《河南大学学报（社会科学版）》2018 年第 2 期。

20. 史立梅:"认罪认罚从宽程序中的潜在风险及其防范",载《当代法学》2017 年第 5 期。

21. 贾志强:"论'认罪认罚案件'中的有效辩护——以诉讼合意为视角",载《政法论坛》2018 年第 2 期。

22. 尹晓兵:"'例外'与'常规'的争执——施米特与凯尔森法哲学比较研究",载《海南大学学报(人文社会科学版)》2013 年第 3 期。

23. 周旺生:"论法律但书",载《中国法学》1991 年第 4 期。

24. 陈兴良:"赵春华非法持有枪支案的教义学分析",载《华东政法大学学报》2017 年第 6 期。

25. 付立庆:"论抢劫罪与强拿硬要型寻衅滋事罪之间的关系——以孙某寻衅滋事案为切入点",载《法学》2015 年第 4 期。

26. 窦云鸽、肖江峰:"法定刑以下处刑核准制度的改革与完善",载《河北工业大学学报(社会科学版)》2014 年第 4 期。

27. 仇晓敏:"法定刑以下判处刑罚的几个问题",载《人民司法》2009 年第 21 期。

28. 李剑弢、唐建秋:"法定刑以下判处刑罚的特殊情况和量刑",载《人民司法》2015 年第 14 期。

29. 苏力:"法条主义、民意与难办案件",载《中外法学》2009 年第 1 期。

30. "公丕祥:"完善法定刑下判处刑罚的核准制度",载《中国审判》2011 年第 4 期。

31. 陈瑞华:"脱缰的野马——从许霆案看法院的自由裁量权",载《中外法学》2009 年第 1 期。

32. 张明楷:"许霆案减轻处罚的思考",载《法律适用》2008 年第 9 期。

33. 敦宁:"减轻处罚司法适用问题新探",载《刑法论丛》2013 年第 2 期。

34. 王志祥、袁宏山:"减轻处罚制度立法再完善之探讨——以《中华人民共和国刑法修正案(八)》为分析样本",载《法商研究》2012 年第 1 期。

35. 岳龙海、李长龙:"简述酌定减轻情节的性质和适用",载《法学天地》1997 年第 5 期。

36. 陈敏、吴登龙:"宽严相济刑事政策与酌定减轻处罚的适用",载《福建法学》2008 年第 2 期。

37. 史明武、王辉:"论我国的法官酌定减轻处罚裁量权",载《中央政法管理干部学院学报》2000 年第 2 期。

38. 王利宾:"论刑罚的酌定减轻",载《河北法学》2011 年第 11 期。

39. 卢勤忠:"论酌定减轻处罚情节的法定化",载《法律科学(西北政法学院学报)》1996 年第 4 期。

40. 冯卫国:"论酌定减轻处罚制度及其完善",载《政治与法律》2009 年第 2 期。

41. 李玉萍:"适用酌定减轻处罚的几个问题",载《人民法院报》2009 年 6 月 10 日,第 6 版。

42. 程先权、阮建华:"刑法第 63 条第二款之'案件的特殊情况'认定",载《黑龙江省政法管理干部学院学报》2014 年第 3 期。

43. 李立众:"修改酌定减轻处罚核准主体之建议",载《人民检察》2011 年第 9 期。

44. 张永红、孙涛:"酌定减轻处罚刍议",载《国家检察官学院学报》2007 年第 5 期。

45. 彭文华:"酌定减轻处罚的自由裁量与技术制衡",载《法学评论》2016 年第 3 期。

46. 时延安:"酌定减轻处罚规范的法理基础及司法适用研究",载《法商研究》2017 年第 1 期。

47. 叶良芳:"从特别减轻到违宪审查——以许霆案为样本的分析",载《华南理工大学学报(社会科学版)》2011 年第 5 期。

48. 桑本谦:"传统刑法学理论的尴尬(I)——面对许霆案",载《广东商学院学报》2009 年第 5 期。